未 ADR | 文艺家

爱的对谈

如何寻找爱
维系爱
告别爱

［英］娜塔莎·伦恩——著
山山——译

上海文化出版社

图书在版编目(CIP)数据

爱的对谈 : 如何寻找爱、维系爱、告别爱 / (英)
娜塔莎·伦恩著 ; 山山译. -- 上海 : 上海文化出版社,
2023.3
 ISBN 978-7-5535-2681-2

Ⅰ. ①爱… Ⅱ. ①娜… ②山… Ⅲ. ①人物-访问记
-世界-现代 Ⅳ. ①K812.6

中国国家版本馆CIP数据核字(2023)第023243号

Conversations on Love
By Natasha Lunn
Copyright © Natasha Lunn, 2021
This edition arranged with Felicity Bryan Associates Ltd.
through Andrew Nurnberg Associates International Limited.
Simplified Chinese translation copyright © 2023 by United Sky (Beijing)
New Media Co., Ltd.
All rights reserved.

著作权合同登记号:图字09-2022-0959号

出 版 人:姜逸青
选题策划:联合天际
责任编辑:顾杏娣
特约编辑:张雪婷
封面设计:木 春
美术编辑:梁全新

书   名:爱的对谈:如何寻找爱、维系爱、告别爱
作   者:[英]娜塔莎·伦恩
译   者:山 山
出   版:上海世纪出版集团 上海文化出版社
地   址:上海市闵行区号景路159弄A座3楼 201101
发   行:未读(天津)文化传媒有限公司
印   刷:天津联城印刷有限公司
开   本:880×1194 1/32
印   张:9
版   次:2023年3月第一版 2023年3月第一次印刷
书   号:ISBN 978-7-5535-2681-2/G.444
定   价:75.00元

关注未读好书

客服咨询

本书若有质量问题,请与本公司图书销售中心联系调换
电话:(010) 52435752

未经许可,不得以任何方式
复制或抄袭本书部分或全部内容
版权所有,侵权必究

致每一个在渴求中迷失的人。

我们在深夜听爱情故事。仿佛对这个生活的谜题从未有足够的了解。我们一次又一次回到同样的场景，抵达同样的话语，尝试去了解其中深意。没有任何事物比爱更让人熟悉。没有任何事物比爱更让我们彻底逃避。

——珍妮特·温特森（Jeanette Winterson），《苹果笔记本》（*The PowerBook*）

目录

前言　I

一　如何找到爱？　1
浪漫幻想与现实　3
不能承受的未知　40
向外看　80

二　如何维系爱？　85
蜜月期　87
友谊的季节　141
再一次看见　177

三　如何面对爱的失去？　181
失去想象中的未来　183
孤注一掷　253

结语　259
关于爱，哪些是我希望自己早先就能明白的？　259

延伸阅读　267
致谢　271

前言

多年以来，我一直充满渴望。渴望对方回复信息，渴望一句"我爱你"，渴望男士带有爱意的关注。有伴侣时，我希望这段关系能够长久；单身时，我希望不久将有人陪伴。我的渴望无休无止，像迷雾一般笼罩着我的生活。被蒙蔽的我，视线模糊。

我曾以为自己渴望的是爱，但我错了。我执迷于爱的理念，却无视真相。那些年，我日夜问自己"何时能找到爱"，却从未停下脚步细想爱为何物。大部分人是否皆如此？课堂上我们没有学习过爱，没有对它进行研究，没有对它进行考试，或者每年复盘一次。我们被鼓励学习经济学、语法和地理，而没有被鼓励了解爱。这多么奇怪啊，我们对爱寄托了许多，却吝惜时间去理解它。就像渴望潜水，却对学习游泳兴致索然。

然而，不管我们是否费心思去琢磨它，爱都会悄然潜入或消逝在我们的生活中。每一天，它来去自如，时而残酷，时而美好。我刚看了朋友家六周大的宝宝在澡盆里扑腾的视频，而一小时后，就收到一位女士心灰意冷的邮件——她第三次试管婴儿的尝试失败了。我想到了两场订婚，一场被取消，而另一场从未发生。我听说有位朋友经历了始料未及的离婚后，努力重建生活；另一位朋友失去了一位至亲；还有一位朋友秉承傻愣愣的乐观精神，尝试拥抱新的感情。爱在我们的生活中，时而绽放，时而凋零。无法预知，无法定义。我所想的大体如此。

很长一段时间，我以为是爱让我不开心。我试图理解，为何它超出了我的能力范围。为何我能离开一份不喜欢的工作，却无法从一段糟糕的关系中脱身？为何我在生活的其他方面都能有决定权，却在爱里没有？为何我会以为婚姻是结局，而不是开头？我怀疑自己完全误解了爱，正如伊丽莎白·吉尔伯特（Elizabeth Gilbert）所说的"好奇心的面包屑"，这是我需要拾起和追踪的线索。

由此，过去的四年里，在名为"爱的对谈"的电子邮件订阅专栏中，我与作家、心理治疗师和专家一起，谈论他们有关爱的经历。我听人们说起对人、对城市、对诗歌、对树的喜爱。有男人说想经历更多的春宵之乐，有女人说性爱缠绵是婚姻中的梦想。我听过一段跨越不同国家、维系了二十六年的友情，听过有人在失去孩子或手足时陷入爱情，听过有人看到孩子出生在战乱地区，听过有人在孤独中寻找浪漫。每个故事都在提醒我，爱是可能的，而我对它的理解曾是狭隘的。

在进行这些对谈时，爱也在我的生活中潮起潮落。这些采访延伸了我对爱的认知，拓展了爱在我眼中的模样。但直到我在一次流产后尝试怀孕，才意识到自己要学的仍有很多。尽管我以为自己不再渴求什么，但其实三十多岁渴望有孩子和二十多岁渴望有男友存在着诸多共性。它们都让我更关注所缺失的爱，而不是已拥有的；都让我有时顾影自怜；都让我和别人相比较，并以为自己被一种人生幸福拒之门外。我曾看着周日牵手的情侣，无比羡慕，而现在，我则痴痴地看着街区公园里推着婴儿车的女性们。我渴望的对象改变了，但不停歇的寻求仍蠢蠢欲动。我开始明白，如果我依然目光狭隘，就会对爱一直有所求——男友、婚姻、孩子、第二个孩子、孙子，在此生和父母或丈夫相处更长的时间。我开始提出更多的问题。开始写这本书。

每天，你也会问自己关于爱的问题。也许你在寻找一段关系，或者在内心深处问自己是否要从一段关系中抽离。也许你正身处一段长期的关系中，思索着如何能安然度过人生风雨，永葆爱意。也许你已为人父母，但希望做得更好。也许你失去了一位至亲，而这突然间让一切黯然失色。从表面上看，每个人想从爱中获取的皆有不同。然而我发现，个体问题常常植根于三个更大的问题中：我们如何找到爱？我们如何维系爱？我们如何面对爱的失去？这些都是我在书中想要探索的。

毫不夸张地说，爱的对谈改变了我的人生。它们帮助我看穿渴望的层层迷雾，看到我人生中已经拥有的爱，它们一直都在。也让我相信，尽管爱在很多方面是不可知的，但尝试去定义它仍有必要。如同贝尔·胡克斯（Bell Hooks）在《关于爱的一切》（*All About Love*）中所写的那样，"年幼时对爱的错误定义，会让人长大后在爱里遭受考验"，而"好的定义是我们的起点，也让我们明白何处是终点"。

和学习其他技能一样，我想我们也应该更多地学习爱，因为它会决定人生的轨迹。朱利安·霍尔特·伦斯塔德博士（Dr Julianne Holt-Lunstad）在研究中发现，人的社会联结与寿命息息相关，相较社会关系弱的人群，社会关系强的人群过早死亡的概率要低50%。[1] 尽管人们一直对爱这一主题缺乏关注——报纸大篇幅地报道政治、金融或旅游资讯而不是情感关系，但事实上，比爱更为严肃或重要的事物少之又少。爱的缺失会带来创伤，而丰沛的爱能治愈我们。

---

[1] 引自维韦克·默西（Vivek H. Murthy）的《陪伴：孤独、健康以及当我们找到联结后会怎样》(*Together: Loneliness, Health and What Happens When We Find Connection*)（个人档案书籍出版社，2020年版，第13页）。

书中的对谈既是关于爱的故事，也是关于人类相互间的吸引和失望，关于伤害和治愈，关于在自我否认时仍步履向前，关于从人生失去中寻求意义。我希望，它们带给你的会和带给我的一样多：别让你爱的人溜走；要更认真地对待爱；从被给予的人生中找到意义。

希拉里·曼特尔（Hilary Mantel）的小说《一个更安全的地方》（*A Place of Greater Safety*）中有一个角色（在现实生活中）说："爱比恐惧更强大，更为持久。"当我采访希拉里时，她告诉我"写作的原因之一是想弄明白这是否如此"。而这也是我的目标。比起对不确定性、对改变、对死亡的恐惧，爱是否更为强大？回答这些问题是一项永不完结的任务，而这也是我学到的最重要的课题之一：爱是终生任务，我们无法一步跳至结局。我们何其幸运，知晓这一课永不落幕？最后一页并不存在，唯有一次次的启程。这里将是其中的一次。

一　如何找到爱？

> 人生不是一个待解决的问题，
> 而是一场待经历的神秘之旅。
>
> ——M. 斯科特·派克（M. Scott Peck）

浪漫幻想与现实

"当我渴望你时,我的一部分就消失了……"

安妮·卡森(Anne Carson),《爱欲这苦甜》(*Eros the Bittersweet*)

我第一次和本亲吻的时候,也是我这辈子第一次亲别人。那一年,十四岁的我对一切都不太确定:喜欢什么样的音乐,穿什么牌子的鞋去学校,想成为怎样的人。而我唯一确定的就是:我需要他。当世界上所有的选择都摆在我面前,很容易判断失误时,对一件事缺少掌控权反而是种解脱。我任由感觉领着我走。

我们第一次亲吻是在ABC电影院。在此一年前,我们初次见面。那时,我十三岁,他十二岁,他比我小六个月。那天,本来找我弟弟玩儿,他们上同一所学校。当我见到他时,他正坐在我卧室门前的楼梯的最上层,转着一个柠檬黄的悠悠球。"你好。"他说。"你好。"我回应道。就这样,两声招呼开启了一场十五年的纠缠。从那时起,我像法医取证一样收集他的点点滴滴:他手臂上雀斑的准确位置,他往吐司上抹黄油的方式,以及他一笑就会眯眼的样子。正是在渴望他注意到我的时候,我了解到,爱只有得或不得的区别。这份礼物,要么被给予,要么被扣留。

这些年，我们的关系短暂而不稳定：十四岁时，他又喜欢上了别人；十六岁时，我们又走到了一起——那是我们唯一一次紧张分兮地说"我爱你"的时候——十八岁时，我们又在一起过。我们在一起的时间并不多，只有零星的白天和夜晚，我们亲吻，一起看《星球大战》录像带，在夜晚开车绕着空旷的乡间小路兜风。我们从未建立过真正的关系，而这一点并不重要。我们的故事含混不清，存在于我们未说出口的话语中。

我自行在脑海中设想了现实中并未发生的紧张情节。我脑海里是一个老套的分分合合的爱情故事——模仿着《恋爱时代》里道森和乔伊的情节——似乎马上就要发生些什么，然而却什么也没有发生。双方的误解（被曲解的短信）或命运的安排（我父母的反对或是出现了另一个女孩）阻止了我们每一次的重归于好。为什么我总是执着于这段关系呢？当他在学校亲吻另一个女孩时，我第一次体会到了被抛弃，这在人格形成期挫伤了我的自尊心。从那时起，他的爱像是一件我可以努力赢回的奖品，意味着我是值得被爱的。在我内心深处，还渴望重演父母的爱情故事，这也让本一直出现在我人生的轨道上。我的父母在十五岁时相识于校园，他们的恋爱故事比我书架上任何一本小说都要浪漫，也是我最早接触的恋爱模式。如果说我在意本，那主要也是因为我也想拥有一段直到永远的少年爱情。

我们中有多少人都经历过这种青少年时期的痴迷呢？那时，渴望比了解更重要，幻想胜于现实？年少的爱情美而强烈，这在青少年时期是可以理解的，那时有大把的时间，被荷尔蒙支配着。也许，这种痴迷也是一种创造力——年轻人凭借想象力，能从平平无奇的微小细节中解读出另一个世界。所以，对于我人生的第一次浪漫幻想，我并不后悔。但是，我后悔依照它刻画了爱情模式，也后悔之后的几年一直在勉强自己适应它。

大学几年，本和我在感情关系中反复无常地摇摆着。他寄给我自制的CD和晦涩难懂的字条，我把它们放在了床底下的鞋盒里。他还给我写叙旧的邮件，当时的男朋友发现后非常生气。在我的记忆中，这是第一次他想我胜过我想他，但他的看法可能与此不同（两人的说法不同是常有的事）。但是，当我想家时，我会穿上他褪色的黑色T恤，因为他已然成了我记忆中"家"的一部分，联结着过去的我。每当我感到困惑时，回到过去总能令我安心。

讽刺的是，我困惑，因为我总在二十多岁的关系中重蹈这段恋爱的种种覆辙。我遵循同样的剧本：约会新人，把他理想化，隐藏自己的一部分，扮演一个比我本人更可爱的角色。这个人设从来不开口要什么。我常和某个人约会几个月——有时超过一年——却仍未进入男女朋友的角色，或发展为真正的亲密关系。像本一样，这些男人隐晦表示着对我的感情，却从未坦诚直言。正如《理智与情感》(*Sense and Sensibility*)中，埃琳娜问玛丽安，威乐比是否曾经向她说过"我爱你"，玛丽安回答道："每天都有暗示，可从来就没有明说过。有时我觉得他是这个意思，可实际上并没有说过。"

当你在一段关系中不诚实时——不管是对别人还是对自己——就如同拧紧果酱罐盖子时，螺纹不吻合。旁人也许觉得你拧得很好，但只有你自己觉察出了生涩，这时你明白，再怎么努力，盖子永远也无法严密地合上。就像这样，一开始，我就能觉察到这些关系是不协调的。经历亲密关系时，我的内心总有隐隐的不安，这是一种让人焦虑的状态，不断怀疑对方并不想和自己在一起，却不敢开口去问。这意味着，我是如此擅长伪装成无所求的样子，以至于忘记了如何做自己。这也意味着，我把不确定当成了吸引力，男人们投掷在我身上的感情因为反复无常而显得更撩拨心弦：半夜一点半收到意外的消息问"你能出来吗"；或在对方醉酒时被表白"我爱你"，而这在酒醒后就再也没有听到了。我约会过的男人从来没有提出过分手，但也从未在关系中投入。他们保持着"一只脚进一只脚出"的状态。我有一个朋友，她的男友搬进了她的公寓，却把自己大部分物品留在了父母家。

比起飘忽不定的感情，更常见的是淡漠（或许并非有意）的伤害，我默默接受了这些，并把它们视为自己并不值得被爱的进一步证明。有一次，一位男士在床上亲吻我时说我的嘴唇太干了；有位男士说我的妆太浓；还有一次，当我鼓起勇气问某个人为什么回复我消息这么慢时，他说道，"不安全感是女性最不吸引人的地方"。我明白了世界上最孤独的地方是躺在一个让你觉得自己渺小的人身旁，你背对着他，希望他会转过身来，用双臂搂住你。

那时，我以为这种自我压抑只是发生在我个人身上的窘迫和羞耻，直到现在，我才明白，这并非只是我的问题。我和许多人聊过，尽管他们处理工作、面对家人和朋友时能如鱼得水，但在情感关系中会不知所措。他们表演成不同的人格，遗忘自己的需求和欲望，一味迎合伴侣。这种自我的消失起源于小事：假装你想去电影院看恐怖电影；在手机音乐播放列表中，收录了也许会给对方留下印象的曲子，而不是你真正想听的；购入一条无法负担的裙子，仅是因为你认为对方会喜欢。但很快，你会对朋友的聚会说"不"，只为留出夜晚的空当，以防对方可能在最后一刻想约你——尽管这样的可能性微乎其微。在你生日时，即使对方晚上十一点还没出现，你也假装毫不在意。你假装自己不需要对关系有个说法,不需要持续的沟通,不需要让你觉得自己被爱的小动作。你假装自己一无所求。

当我问精神病学家梅根·波医生(Dr. Megan Poe)为何人们在关系中会迷失自我时,她解释说,人会"凭回声定位对方,同时隐藏自己",并与对方融合。梅根·波曾在纽约大学教授一门关于爱的课程,她的观点是:"人们会以为,如果我能和对方一致,那我们就是天生一对。但这会带来更多的不安,因为自己已不再是自己。"这个行为也会困扰对方,因为他们已经无法辨认出你。"当诸多虚假自我浮现时,一切便变得迷雾重重,"波医生说道,"必然地,对方会想,她(他)去哪儿了?我最初爱上的人去哪儿了?"

一九七七年在道格拉斯学院毕业典礼致辞时,艾德里安娜·里奇(Adrienne Rich)认为对自己的责任"意味着将友谊和爱给予那些能尊重你的人。意味着你能够像夏洛特·勃朗特笔下的简·爱一样,能够说出:'我有一个天生的内在珍宝,当外界的欢乐都被剥夺,或者欢乐的代价高于我的偿付能力时,它能使我活下去。'"当我翻开《简·爱》这本书找原句时,我发现里奇引用的这句话之前还有一句:"我可以孤单地生活,要是自尊心和客观环境需要我这样做的话。"读了以上两句话后,我才意识到,我做了和简·爱截然相反的事。我没有看见自己的内心珍宝(以及我可以离开的能力),为此,我拿出了自尊。为了换取什么呢?不是爱,而是没有逻辑的本能想法,觉得我约会的男人都非同寻常,他们比我聪明,也比我有趣(我经常与记者、广告创意人和作家约会,这绝非巧合,我向往这些职业,但那时却没有足够的勇气去追求)。直到几年后我采访了临床心理学家弗兰克·塔利斯(Frank Tallis)后,我才意识到自己的想法错得离谱。正如塔利斯说的那样，当真正的亲密感得不到证明时，我们会更加困惑或失去洞察力。我们寻找"化学反应"或"直觉"这样的词，因为我们找不到感受的确凿根基——没有善意、关怀或联结，只有磁性吸引。塔利斯认为这种证明的缺位反而"助燃了浪漫的神秘感。你以为正是因为无法解释，所以肯定是命运的安排，肯定寓意深远。但这只是一环扣一环的错误推导，每一次的错误都让你远离真相"。我听着他的话，皱起了眉头，在他的话音里认出了自己，想起了一次次我被对方吸引，但对于他们真实的样子却毫无所知。但那时，我并不懂，而是把自己一点点地抹掉，从而维系住我们之间的关系，而这段关系在现实世界中并无根基。

即使在那些我们和其他人分分合合的日子里，本和我仍然保持着联系。我们的父母曾经（现在也仍然）非常亲近，在我们成长的岁月中，两家人经常一起外出度假，并且一同回到相距只有五分钟路程的镇子里。偶尔，我们调情，我们亲吻，或者在晚上煲几个小时的电话粥。有时，我找他是出于寂寞。有时，他找我，我猜是因为他感到迷茫。大部分时候我们只是朋友，彼此关注，只有一次，我们快三十岁时短暂地恋爱过，但也只持续了一到两个月。就像两个假装回到十三岁的成年人，这让我有些伤感。在床上，我探索着我们成年后的身体与年少时的区别，他的腹部更柔软和浑圆了，我的大腿更粗了，有凹陷的小坑，我不清楚自己是在寻找一个曾经认识的人，还是一个我一无所知的人。我想我们俩都在寻找成年问题的答案，寻找彼此之间的亲密感，但在一个永远无法寻找到答案的地方寻找着。

一年后，我们一块儿去喝了一杯，那是我们最后一次单独相处。在索霍区酒吧外的人行道上，我在我俩之间看到了一个待做出的决定，

8 爱的对谈

浮现在夜幕中。但它与站在我眼前的这个人无关,而是与选择不成熟还是成长,选择幻想还是现实有关。我想要避免亲密关系,缩回到旧日迷恋的安全区吗?那不需要我做任何改变。不!我想要建立存在于真实世界中的真正关系。那样做,需要勇气和自我理解,也许会有些孤独,需要承担大量的责任。这些责任意味着不要在孤单的时候,去索取本的关注;意味着觉察到我自己总是把男人理想化,而不是真正看见他们;意味着找到我自己在此过程中丢弃的内心宝藏;意味着,正如贝尔·胡克斯在《关于爱的一切》中写的,想要知道"在幻想之外'爱'的含义,在我们想象之外会发生什么"。我仍然相信向一个陌生人全然展现自己是一场冒险,但一个新的想法在我心底悄然孕育:隐藏自己,从不被看到,从不表达需要,从不给予或接受真正的爱,这样做的风险更大。经历了几年在爱中处于被动的位置,我那时开始意识到实际上我们是拥有选择的,虽然不易觉察。我的选项是:要么待在我脑海中的幻想区域,要么爬出去,真实地活着。

*

这是一种奇怪的感受,反省自己在过往关系中的模样:忧伤、诙谐、窘迫、沮丧。我也学会了和朋友们一起把尴尬的故事作为笑料——这是约会中出差错的少有好处之一——我曾有过的羞愧感,被我对年轻时自己的怜悯所取代,那时的我如此渴望找到爱,却一直在错误的地方找寻它。

一部分的我仍在后悔自己浪费了多年时间担心会在爱中惨败,或担心永远寻找不到它。还有一部分的我担心当真爱现身——有一天遇到想嫁的人时——会因为头脑发昏而错失。但我也知道,是我之前的

"失败"让我来到了这里。采访希拉里·曼特尔时,她告诉我:"有些错误不得不犯,它们是富有创造性的过错。"她说得对,正是在这些笨拙的错误以及常年的渴望中,我找到了本书第一个问题的根源:如何找到爱?

尝试回答这个问题前,我觉得有必要近距离地掂量这个字的含义。如果不了解它的真实含义,我们如何知晓怎样找到爱?这是我在本书对话中将要探索的:我们对爱的定义怎样影响我们如何找到它?在哪里找到它?以及能否找到它?哪些老话能帮到我们,而哪些坑是我们应该避开的?在寻找爱的过程中,我们是否比自己想象中的更有掌控力?给出的答案并不包括约会软件使用攻略,或者关于你在何处更能遇见伴侣的概率研究。但我希望它们能让你以更广阔的方式看待爱,看到我们也许会忽视的例子。

*

二十多岁的我在爱里寻寻觅觅时,注意到寻找浪漫关系的似乎有两种人:一种人很容易坠入爱河,并且他们也能在短暂的单身空窗期自得其乐;另一种人无法坠入情网,他们无法自己找乐子,也无法顺利度过感情初期的磨合阶段。我属于后者。我有位同事说:"如果有人单身了很久,但他们内心并不希望如此时,肯定有其原因。"我用她的话来证明自己单身也是有原因的。我的需求过高?感情太浓烈?我并不怀疑,部分问题并不在于我是谁,而在于我在何种语境下看待对爱的寻找。

当我开始采访人们对于关系的看法时,我意识到很多人掉入了过于关注爱情的陷阱。有人认为是大众文化里的童话故事导致了这些执念。毫无疑问，童话在我身上确有作用。但同时，一个关于孤独的病态故事也渗入了我的爱情观。为何我曾认为孑然一身就是悲剧？这种害怕对于我寻找爱有何影响？我期待哲学家和人生学校的创始人阿兰·德波顿能给予答案。

阿兰在接受我采访的第一批人之列，他也是最早鼓励我去体察爱的复杂性的人之一。看了他的小说《爱情笔记》后，我了解了何为迷恋：幻想、错误的开始、我们投射至彼此身上的执念和故事情节。之后，从他的另一本书《爱的进化论》中，我学到了当最初欲望的光泽消失后亲密关系所面临的长久挑战。很少有人像阿兰一样，用缜密和务实的态度记录爱一步步的进展。因此，当我发现他能直击要害地解释为何对于我们中的一些人，寻找爱会是如此脆弱的体验时，我毫不意外。

独处的心理
与阿兰·德波顿的对谈

娜塔莎·伦恩：人们会掉入一个陷阱，认为浪漫的爱情是他们人生问题的解药。这种看法如何使得寻爱之旅举步维艰呢？

阿兰·德波顿：我们被灌输了一个观念，无法寻找到伴侣就意味着悲剧，人生就会彻底荒废。这给我们寻爱的努力设定了疯狂而无益的背景。最好的心态是，对于任何想要的东西——即使心愿未遂，都要有能离开的勇气。不然的话，你将听由外界摆布，他人也会滥用你的渴望。所以神奇的是，说出"我能独处"的能力是有一天你可以愉快地和他人相处的最重要的保证之一。

独处的心理耐人深究。经历独处时会产生或多或少的羞耻感，而这取决于如何进行自我解读。比如，在周一夜晚孤身一人，你并不会感受很差。你会想，我在工作中已经度过了糟糕的一天，还有漫长的一周等待着我，我需要独处。但如果你在周六夜晚孑然一身，你会想，我是怎么回事？别人都在出双入对，一起度过美好的时光。

我们常以为别人的生活就是我们所要追求的，这加重了独处时的绝望感。我们想象自己孤独时，别人都在享受着美好的关系。我们很容易会认为，我是唯一一个遭遇孤独的正派人。但这并不是事实：很多体面和能干的人，出于这样或那样的原因，都没有找到伴侣。但这并不是悲剧。

娜塔莎·伦恩：但如果你摆脱单身的朋友们与平日里不同，在周末都消失不见了，这会让人感到孤独。您觉得我们应该如何改变看待这些周末的方式呢？

阿兰·德波顿：首先，要准确指出问题的症结。问题不在于独处本身，而在于落单时，你脑海中关于人类的故事，以及故事中陪伴的应有位置。与其仅仅为了躲避周六夜晚的痛苦而外出学舞，你不如改变自己头脑中对孤独的理解。如果周一落单并不是问题，而周六落单就是悲剧，那么独处的客观事实也不是问题，你讲给自己听的故事才是问题所在。

娜塔莎·伦恩：您曾经告诉我，当我们说"爱"这个字时，其实真正所指的是联结。这让我意识到，在我以为孤独的日子里，其实爱并不缺位。所以重新评估"爱"这个字的含义会有帮助吗？

阿兰·德波顿：是的，或者看清楚我们在爱里到底要找到什么。有人觉得落单的人生是不完整的。但如果你问起："为何落单的状态如此绝望呢？"得到的答案经常是一些可以用其他方式满足的小缺憾。也许有人会说，他们想要爱，但如果你逼他们说出想要爱的原因，究其背后，其实想要的是联结。建立一段男女关系才能获得联结吗？其实不然，男女关系之外也可以有联结。也许还会有人说，"我想要智力刺激"。这需要在关系中才能获得吗？也不需要。我们在男女关系中保留的很多东西其实在别处也可获得。比如说，友谊与男女关系相比，地位悬殊。这多奇怪呀，我们现在把友谊的位置排得如此靠后，而历史情况并非如此：在十九世纪早期的德国，拥有一位好友比拥有一位好恋人更为重要，也更为接近幸福的本质。

娜塔莎·伦恩：对于"爱别人之前要自爱"这个说法，我有着不同的感想。我觉得，比起自爱，也许自我理解是更有用的目标。您怎么看？

阿兰·德波顿：我也会强调自我理解，也要学会表达出来。如果有人说，"我并不崇拜自己，但我对自己感兴趣，我也能将自己真实的一面展现给他人"，这将比一个人说"我是完美的"更为可信。承认自身的破碎、伤痛和不足是一件非常浪漫的事。实际上，过于自恋会切断你和他人的关系，而面对自身的脆弱是建立联结的关键。说到自爱，并不是说爱自己，而是接受所有人都有不那么光鲜的一面，而这一面并不会让你与一段优质关系无缘。它们并不意味着你很糟糕，不值得被爱。它们仅仅意味着你是人类大家庭中的一员。

娜塔莎·伦恩：如果一个人并不珍惜或理解自己，会不会在关系中面临更多失去自己的风险？

阿兰·德波顿：和自己失去联结的说法听上去不可思议。那怎么可能呢？你就是你；和别人接触为何会让你变得不那么像自己呢？然而，我们从理智和自我情感中接收到的信息，可能会被从他人那里接收到的信息推翻。举一个经典的例子，你说"我有些忧伤"，别人回复道，"不，你并不忧伤，你好着呢。你做得很好"。然后，你就会觉得自己的想法有问题。对方说得对，我很好。但实际上，后退一步并承认事情很难对你而言也许是很重要的。

可以透过自爱或自我憎恨的棱镜，来看待失去自己的风险，而另一种方式就是问自己，你有多忠实于自己的感受？有多少自身的感受因为外界的故事而被否定了？因为处在关系中的另一方，对于什么对自己而言是正确的，对于这个世界上什么是好、什么是坏，都有着他们自己的想法。是否有能力说出"很有意思，但我有自己的情况，这不一定适用"取决于童年时是否训练过这块肌肉。通常而言，训练是缺位的，孩子的很多方面受制于父母。有个孩子也许会说："我想把奶奶杀了，她太蠢了。"家长会说："不，你并不想，你爱奶奶。"事实上，一位有智慧的家长会说："我觉得我们都有对彼此生气的时候，也许她在某一个方面让你失望了。那是哪方面呢？"这样的话，孩子也许会开始琢磨他的感受，理解背后的原因，也能够谈论它们。但是，成年人在碰到孩子有恼人的情绪时会选择逃避，还会鼓励孩子切掉与自己感受的联结。等孩子们长大成人后，他们也就不认为自己的感受是合理的。

娜塔莎·伦恩：当我二十岁出头时，我跟随着一种神秘的直觉，这使得我在关系中四处碰壁。您觉得为什么它会让我们在爱里陷入无益的状态？

阿兰·德波顿：我们的情感并非完全可靠：它们总是越过或低于目标。比方说恐惧。我们时常对错误对象感到恐惧，却忽视了真正应该害怕的东西。我们害怕鬼魂，却不害怕人生的短暂，也不害怕无法发现自己真正的才能所在。我们不擅长知道应该害怕什么，也不擅长知道应该爱什么（以及爱多少）。如果一位魅力十足的对象进入视线，我们会有些丧失理智。我们想象着对方的样子，想象着如何共度一生，想象着人生所有的快乐源于对方。在这样的时刻，认识到我们陷入了迷恋状态是很有帮助的。头脑的另一侧应该知晓发生了什么。这一侧能与激情共情，也能理解现实，你仍能意识到对方是一位陌生人。一个美妙的夜晚或周末并非一切。这些感受并不能完全可靠地预测未来。我认为，两者是兼容的：一个人在爱意中沉醉时，就像看恐怖电影，大脑的一侧感受到惊吓（天哪，魔鬼就要逼近我们了），另一侧会想：不，这只是电影，不是真实的。在爱的初期，我们可以分身为类似的观察者和感受者。

娜塔莎·伦恩：在浓情蜜意时，很难觉察到一切都是幻想。而这一切有无信号呢？

阿兰·德波顿：你将对方理想化的程度即为信号。如果你忘记了遇到的仅是另一个人类，而不是神，那终有一天，当你看到对方身上的缺陷时，会非常受挫。所以，对人性的悲观是有益处的。但那又是与慈悲和热情并存的。父母对子女的爱是最好的范例之一。父母真心地爱着自己的孩子。但他们有时也会不喜欢孩子——他们感到厌烦，觉得孩子可怕，想要跟他们分开。在成年人对彼此的爱中，这些也会发生：有时，我们会看到对方明显的缺陷，感到厌烦，但仍会站在对方的立场上。我们仍然爱着让我们生气的对方。

娜塔莎·伦恩：这让我觉得将对方理想化是爱的反面，因为这意味着你拒绝看到对方的全貌？

阿兰·德波顿：是的，因为你看待对方的方式并不恰当。没人希望自己被理想化——我们希望被看见、被接受、被原谅，并知道在我们状态不那么理想的时候可以做自己。因此，成为别人理想化的对象会带来疏离的感受。我们看似被前所未有地关注和崇拜着，但其实我们身上很多重要的部分都被忽略了。

娜塔莎·伦恩：在爱里，我需要面对的一个大问题是"控制"。一方面，因为在某种方式上，我认为我们比自己以为的更有把控力，而明白我们的角色并不被动十分重要。另一方面，我觉得我们在爱里也需要运气，因为你可以是开放的，具有自我意识的，渴望遇见合适的伴侣，但仍可能一无所获。

阿兰·德波顿：你无须信仰宗教，也能相信运气至关重要。真的，别人的生活是一个谜团。你所能带来的改变极为有限。说正确的话，或者读遍关于这一主题的书本，也许会降低失败的概率，增加把控力。但这只是部分正确。你无法知道别人在他们的生活中处于什么位置。他们也许并不对你有意，这很遗憾，但也只能接受，而不是与其纠缠搏斗，就像对付坏天气一样。我们无法控制天气，也无法把控对方迷恋我们的程度。所以，真正有帮助的是要有所保留并接受：即使只身一人，也是可以的。为理解到这一点，我们需要与更多人交流，比如，很有可能会告诉你不要进入一段长期关系的离异者；长期独身并自得其乐的长辈。我们要停止苛求自己进入单一模式——二十多岁一定要恋爱,二十八岁时找到理想的伴侣,三十一岁时生育第一个孩子,否则我们的人生将无比凄惨。如果人生的确按照这个路径发展,会有精彩,也会有不堪。对于美好人生的模样,我们应该发挥想象力。

娜塔莎·伦恩:关于找到爱,哪些是您希望自己早先就能明白的?

阿兰·德波顿:在整个过程中保持淡定。也许进展顺利,也许会不尽如人意,即便这样,也没有关系。"必须如此,才能完美"的非黑即白模式并不适用。你遇见了谁以及何时遇见对方并不重要。在人生账簿的两边,既有痛苦,也有欢乐。所以,不要死板地认为人生只有一种活法,这往往是错误的。事实上,人生有很多种活法。

*

如果我在十年前就有这样的对谈,它将会软化我孤独的锐角。阿兰让我看到,独身一人并非反映了我不讨喜的一面,而是我对于联结缺乏想象力。

我现在意识到,所有我被拒绝的时刻,要么将会是未来的福祉,要么是必须接受而不是与之抗争的事实。我已经在维持这些关系上浪费了精力,无须再浪费更多的精力质问为何对方不爱我,或者我到底该做些什么来扭转局面。其实,不管怎样,结局已经注定,就是发生的那一个。像阿兰所说的:"在人生账簿的两边,既有痛苦,也有欢乐。"即便我一直与二十多岁时遇到的人在一起,搬到了海边,养了一条狗,三十岁时生了孩子,也依旧会觉得既精彩又平淡,就像那些年我的生活既精彩又平淡一样。每一次令人沮丧的约会，转换成了一段珍贵的友谊；每一个孤独的周日夜晚，诞生了一个新的抱负。

在我早先对爱的努力尝试中，想象力是一个小偷，偷走了真相、判断力和时间。它让我无视现实，在没有爱的时候，误以为它是存在的。但阿兰让我思考是否可以用想象力来拓宽对爱的认知，而不是蒙蔽双眼，令爱变得模糊不清。我们是否可以想象出度过此生的不同方式？我们是否可以感知到不同故事中潜在的悲伤和欢娱？如果可以，我们就会知道故事终究并无"正确"或"错误"之分——只是呈现在我们眼前的，充满各种可能性的生活而已。

*

阿兰让我相信，在恐惧中寻找真爱，对于任何一个恋爱故事来说都不是一个好的开端。它往往意味着自私的动机——避免孤独，让别人为你寻找欢乐——从而走向错误的方向。正如心理治疗师M.斯科特·派克所写："假如被爱就是目标的话，往往会求而不得。"正是这句话鼓励我与那些在男女关系之外也能拥有丰富人生的人交流，他们从渴望被爱的单一欲望中抽身而出，并拥抱其他各种形式的联结。明白寻找恋爱关系并不是人生的重心和真正能做到这一点是两回事。而作家阿依莎·马利克（Ayisha Malik）做到了知行合一。

在阿依莎的第一部小说《索菲亚·汗并非被迫》(*Sofia Khan is Not Obliged*)及续篇《幸福的另一半》(*The Other Half of Happiness*)中，她不仅在探索穆斯林女性的约会方式，也捕捉到了任何人在寻爱之旅中会有的诙谐、心碎和必需的自我认知。在我们刚开始对话时，

一　如何找到爱？　19

我原以为话题会聚焦在约会上。然而，我发现阿依莎对爱有着更为广阔的看法。对她来说，爱无处不在：工作中、信仰里、家庭中、友谊里，还存在于她对自我理解和哲学的不断求索中。我向她抛出了一个我希望能在二十多年前问自己的问题：她是如何将自己从强大的浪漫爱情神话中解脱出来，并在别处找到了与爱的联结？

无人可以窥见你的全部
与阿依莎·马利克的对谈

娜塔莎·伦恩：您在年轻的时候，是如何看待爱的呢？

阿依莎·马利克：对于爱的模样，那时我的理解既狭隘又理想化，还总以为爱就意味着要找到一位恋爱对象。年长些后，我发现期待别人改变你自己的模样，帮助你改变自己的境遇，或填补你的匮乏都是妄想。指望别人填满你内心的空洞？这对于任何人来说，都是过高的期待。这并不是你朋友的责任，也不是你伴侣的义务，而是你自己的功课。

娜塔莎·伦恩：准确地说，您在什么时候拓宽了对爱的理解？

阿依莎·马利克：部分来讲，是我二十多岁时在与朋友的友谊中找到了爱，那时我意识到了友情的深邃、真心、大度和持久。无论下雨还是晴天，即便是夜里两点，无论需要什么，我们彼此陪伴，透彻交谈。友谊鼓励我审视自己：我相信什么？我为何相信？

另一部分，我逐渐意识到万物无常，无人完美。任何人都有可能让你失望，甚至包括你的父母。一旦接受了这些，我就开始停止期待会有人拯救我或让我的人生变得轻盈。我是一个比较接地气、脚踏实地的人，并不需要英雄救我。我将遇见的他会是一位普通人，在这个世界上摸索着自己的道路，他有缺陷，还会犯错，和我一样。

娜塔莎·伦恩：尝试理解自己对爱无法控制，是一件我曾与之抗争的事情。因为我们常常有控制的幻觉，这让人感到迷惑。

阿依莎·马利克：的确。我们被欺骗或被愚弄了，以为我们具有控制力。用约会来举例。这是一个焦灼的过程。你全力寻找能共筑人生的人，你会遇见某人，就像，哦，他们不错，我喜欢他们，他们也喜欢我。但在你能走入下一个阶段前，你已经在想假如失去他们的话，将会失去什么——失去了对未来的想法。你执念于此，忽视对方并不适合你的种种信号。放弃对事态的控制后，你对失去某些东西的恐惧就会减轻。这至关重要，对于爱而言，对失去的恐惧会驱使人做出糟糕的决定。

娜塔莎·伦恩：您曾说，与友谊一样，工作也是你生活中爱的一种形式。这是为何呢？

阿依莎·马利克：有个朋友曾经问我："写作或与挚爱结婚，你会选哪个？"我回答："写作。"也许它就是我的人生最爱，因为从中得到了对人类处境的理解。我们都在寻找真相，而我在字句中求得。作为一名作家，我向读者展示着自己的方方面面。回头看时，我才发现我在工作中找到的意义就是我在寻找的爱。每个人都想要归属感，如果家是让你锚定的精神支柱，那你会把时间留给家人。然而，他们并非一切。我想这也是人们想从伴侣身上获得的，他们希望自己与对方密不可分。我从写作上也得到了这种感受，尽管人生起起落落，但我与其相连，并因此踏实安定。我仍然向往一段恋爱关系，但我希望爱是我人生拼图中的一块，而并非全部。

娜塔莎·伦恩：这是我们很多人想要达到的目标，但他人的期待会使之变难。有没有一段时间，您出于社会压力而不得不谈恋爱？有的话，您是如何挣脱的呢？

阿依莎·马利克：即使你对于独身生活很满意，一旦有人表示同情，你也会陷入自我怀疑——难道我不应该这样生活吗？我们一生都在满足他人设定的目标。我们看不见自己，因为忙于追逐外物。在爱里，意味着人们在向外求索（浪漫的伴侣），而无视他们的内心（自我发展和理解力的潜能）。

按照刻板的时间表，在特定年龄完成特定任务。这曾在我的潜意识中根深蒂固，我从未对此表示怀疑。二十岁出头时我开始约会，因为我觉得这是我应该做的事，而不是因为我想要约会。我梦见想要约会。看的电影也是关于春心萌动的。但事实上，我并没有准备好进入一段关系。我看着姐姐被介绍给"追求者"，但我知道自己并不会经历那些，因为我看到的大部分包办婚姻都是灾难。我们年幼时父亲就去世了，母亲一人独自抚养两个女儿长大成人，她面对着要让大女儿嫁人的压力。她明白我不想结婚。但我仍有压力。有一天，我的姐夫跟我说："阿依莎，你该结婚了。"我参加婚礼或家庭聚会时，常有人嚼舌根。明白你从生活中想要的到底是什么，有一部分取决于对周围的人要有所取舍。所以，我现在拒绝出现在因未婚而被拷问的场合，那里没有爱意或是关怀，只有多管闲事。

说起约会，我找到了一个适合自己的方式。我从未渴望拥有孩子。因为没有成为母亲的包袱，这让我与真正想要约会的人在一起。这让我对整个过程，更超脱和淡定。

娜塔莎·伦恩：对于那些想在关系之外创造生活意义的人，您有何建议呢？

阿依莎·马利克：想一想，哪些是你向内心求索时无法得到，从而开始向外求索的。在追求一段关系时，你是真的想要它吗？还只是因为你并不爱自己，以为遇见一个爱你的人就能证明自己的价值？有时候，人们进入一段关系，是为了证明自己缺失的东西。大部分时候是在自我拷问。此外，能泰然处于独身的状态是一种莫大的福分，但你需要确认自己独身不是出于冷漠无情，不是因为图省事，不是因为害怕。我们对爱充满怀疑，有时我会琢磨这是否会让我们搬起石头砸自己的脚。"我是一个强大独立、不需要男性的女性"的想法也许是危险的，强大并不意味着你不需要他人。我们来到人世并非要孤独一生。无论以何种方式获得，我们都需要抱团取暖，需要来自伴侣、朋友、家庭的陪伴。我想，从爱中脱离的女权主义是危险的，因为事实上你是在与周围人的关系中去理解自己。你也可以从联结中获得独立。

娜塔莎·伦恩：关于找到爱，哪些是您希望自己早先就能明白的？

阿依莎·马利克：我曾一度以为，爱是对他人抱有期待，希望他能看见真实的我，并无条件爱我。但实际上，这对于任何人都是不可能的要求，不管是你的伴侣、兄弟姐妹还是最好的朋友。你可以被不同的人以不同的方式看见，但没有任何一个人，可以窥见你的全部，即便是父母。所以，要找到所有你可以去爱的人，并观察他们各自能带给你的积极影响。

*

近十年来，我一直在问自己为什么总是执着于一段糟糕的关系，直到对方离开。为什么我们总是否认当下痛苦的真相，而在未来让自己更伤心呢？我们中的很多人都是如此。几乎我所有的朋友都是如此。有人的约会对象曾许诺参加她的家庭活动——婚礼、洗礼——却总在最后一刻食言。有人的约会对象会遗忘她人生中的每一件大事——工作面试、驾照考试，以及她母亲的心脏手术——即使她会陪同参与对方在意的每一场演唱会和足球赛。有人的约会对象总是送给她无脑的礼物，比如奇怪的勺子或沙锤。还有人的约会对象约她在某一天外出，却从不安排具体时间或地点，她只能一整天焦虑地等待，直到不得不主动发信息确认是否并未取消。

当我在恋爱中有类似体验时，我希望自己事先就知道一段让你畏缩的关系要比单身包含更多的恐惧。战胜恐惧的一种方法是通过不同途径让自己不孤独。和阿依莎的交谈让我明白，当我们停止依赖别人让自己开心时，我们不仅能更自信地质疑一段不好的关系，还能过得更丰富和有趣。如她所说，没有人能窥见我们的全部。

我也明白了，建立一段牢固的情感关系需要自足和自知：这是两项我在早年关系中丢失的品质。在我可以找回它们之前，如阿依莎解释的那样，我需要明白哪些是我向内寻求无果继而向外寻求的东西，并理解与过去相比，我当下的样子。

*

用四年时间采访了人们关于爱的想法后，我发现大家都有担心自己不够好的隐忧。尽管如此，当我发现心理治疗师菲利帕·佩里（Philippa Perry）也曾有过类似的经历时，仍旧深感惊讶。《真希望我父母读过这本书》(*The Book You Wish Your Parents Had Read*)的这位作者让我和成千上万的读者理解了童年是怎样塑造我们的成人关系的。所以，听说她也曾认为自己不值得被爱时，我意识到这类问题不是只发生在个体身上的，而是人类的共性。

我想知道我们能如何看透对别人和对自己的重重误解，开始建立真正的爱，而不是幻想。我经历过一段不开心的关系，其开端动荡起伏，那么一段好的关系的开始又是怎样的呢？

没有绝对的合适
与菲利帕·佩里的对谈

娜塔莎·伦恩：慢慢坠入爱河的好处是什么？

菲利帕·佩里：成为契合的一对，并不是说从一开始对方就是完美的。没有绝对的合适。事实上，契合来自投入。当你们对彼此投入并开始真正的交流后，对方会影响你，你也会影响对方。你们并非僵硬和一成不变的，而是互相影响。就像两块石头互相摩擦，突然之间它们就合适了。一开始的几年，你们之间有性的吸引力，然后关系走深。与其与幻想中的对方建立关系，不如开始与他们建立真正的关系；你们对彼此有足够多的影响，并能真正地认识对方。了解彼此，才是爱彼此。是你使对方成为对的人，而对方也使你成为对的人。并不是说，对于每一个人，世界上都存在一个完美的伴侣——这一切需要发生在关系中。我们允许彼此影响，关系得以渐入佳境。

娜塔莎·伦恩：遇见您的先生格雷森（Grayson）时，你们是一见钟情，还是逐渐相爱的？

菲利帕·佩里：我们在夜校同班，当时我想，哦，这真是个粗野的人啊。和他相约喝酒前，我还与班里其他几个小伙子出去喝过酒。一开始，我们之间完全没有吸引力。但六个月后，我们之间的思想交流转变为爱意。这似乎是一种更好的发生方式，真的。只见了对方一次，你就想要再见面，这是发生了"化学反应"，是美妙的联结，但并不意味着一段长久的爱情。与某人约会，经常会发生在你习惯他（她）们围绕身边之后。当你喜欢或爱对方的时候，你会喜欢或爱和他们在一起时的自己——这在很久后才会意识到。你需要让他们进入你的生活。

娜塔莎·伦恩：为何人们觉得爱的早期阶段不容易度过呢？

菲利帕·佩里：有时，你希望自己成为他人的幻想，以此确保自己不会失去对方。你也许会变得走样——不同于相互影响下而做出的改变。这是一种适应，但并不好，你为了取悦他人而变得走样。而当你们允许相互影响时，你并非在刻意地取悦对方——你接受影响，这意味着对话的流动，是双向的奔赴。

娜塔莎·伦恩：我想谈论一下相互间的性移情（erotic transference）。它是什么？当我们遇见别人时，它又是如何影响我们的？

菲利帕·佩里：我们容易与熟悉的事物产生联系，因为认识的事物会让我们感觉良好。我们的身体存有无意识的记忆，或许是奶奶头发垂落在额头的样子，也可能是在爸爸背上骑大马的感受。对于这些感受，我们没有记忆，因为它们未曾被语言描述过——它们是学语前的记忆。但这并不意味着，当再次被看见或感受时，它们不能与我们产生深深的共鸣。比如说，两个年轻人看向对方——尽管男方没有意识到——女方让他想起了自己母亲的脚踝。他会有一种熟悉的感受，就像回到了家。尽管这是学语前的记忆，但他们的感觉是契合的，所以有人会想，我一看到他就知道他适合我。也许是笑声，也许是断句的方式，它们吸引住了你。这是记忆的幽灵，当我们抓住它们时（尤其是能产生良好的联想时），我们会感觉很棒。

娜塔莎·伦恩：在情感关系中，一方是负责的家长形象，一方是孩子形象，您觉得这种关系模式是否有危险？

菲利帕·佩里：是的，这并不好！每段关系中都有不同的角色，分担它们才是好的。最主要的角色，我称其为"梦想家"和"会计师"。有人只负责梦想（我们去泰国待一年吧！我们干一番新事业吧！我有一个特别棒的拍电影的想法！），而对方负责所有后勤保障（算税；支付账单；购买机票）。在我的第一段关系中，我是梦想家，我的前夫负责整理税款、支付账单。在目前的关系中，我被迫扮演会计师的角色，而格雷森则是梦想家——我在奋力反抗。否则，我就得拆信封、写清单，我的创意想法将无处安身。我在争夺梦想家的空间。

娜塔莎·伦恩：会有修修补补的关系，也会有糟糕的关系。如果是后者，您觉得会有哪些信号呢？

菲利帕·佩里：当你开始觉得孤独。如果你或多或少地被看见，如同你看到自己——或因别人的视角，你对自己的认知得以延展——那你在关系中是被感知的。如果你完全没被看见，对方继续与自己幻想中的他（她）维持关系，而不是真正的你，那你将会非常孤独。如果幻想是负面的，那将是有毒的。

娜塔莎·伦恩：您在关系中是否经历过没有被"看见"的时候？

菲利帕·佩里：当我遇到第一任丈夫时，我开始相信没有他，我将一无是处，因为我从不觉得自己足够好。他长着好看的颧骨，但他对我缺少尊重。应该说，几乎为零。与我共事的朋友对我说："我认为他不适合你。"

我还会觉得没人想和我做朋友，他们只想亲近他，他是如此聪明。我的朋友们不断说："不！我们是你的朋友。我们并非因为他才和你做朋友。"我却听不进去。

某个周末，他不在家。我准备邀请朋友们过来吃中饭。搭折叠桌时，我手上的皮肤被夹进去一块，撕破了皮，血流得到处都是。我给朋友们打电话，解释说："恐怕聚会得取消了，我要去一趟医院。"让我无法相信的是，朋友们跑来医院，照顾我一整天。而当我前夫回家，看到我被包扎的手时，他说："天哪，你总也不消停，是不是？！"我没有被卷入负面情绪中，而是想，这与朋友们给予我的善意完全不同。嗯，我不喜欢这样。我最好摆脱这个处境。一旦我明白过来一切就容易了，就像大梦初醒。

和你朝夕相处的人说你没有太多价值，这会伤害到你的自信心。所以当朋友们谈及我的前夫时，会说"哦，不，我是和你交朋友"，这对于我非常重要。这一切发生在我快三十岁时，那时我很享受和一群人一起工作。我开始对自己有不同的看法，我意识到我并不喜欢和第一任丈夫在一起的自己。当你和别人在一起时喜欢自己,你就会意识到和那样的人在一起有多重要。他们把好的反馈给你,让你知道自己具备好的品质。

娜塔莎·伦恩:我想有人一直待在这样的关系中,是因为他们觉得自己不配得到爱。您觉得这样的心态是怎么来的?

菲利帕·佩里:我想是因为孩子在成长时——不管这是真的还是假的——他们觉得自己只有成为某个样子才能得到爱。他们也许会认为,如果对方知晓自己真实的样子,就不会爱自己,因为他们觉得真实的自己不被爱。如果在你成长的过程中,父母总是催促或训斥你,你只有成为另外的样子才能获得注意和肯定,那你就会给自己制作一个闪亮的外壳,这会让你受到周遭的喜爱,从而对自己感受良好。但外壳是假的,是一种强制的自我认同,而并非你内在的自己。

人们第一次来进行心理治疗时,他们以不同的方式说着同一句话:"如果你真的了解我,你就不会喜欢我。"因此我会说:"把你不堪的一面展示给我看。"鼓励别人把负面想法说出来可以让他们相信自己并不糟。通常人们有这样的感受,不是因为他们干了坏事,而是因为他们自童年起就有一种挥之不去的羞耻感,这让他们相信自己是糟糕的。

娜塔莎·伦恩:除了心理治疗外,我们还能怎样克服这些负面想法,培养对自己的善意呢?

菲利帕·佩里：每个人都有一个苛责或焦虑的内在声音。把它们写下来，把所有的"如果发生什么，该怎么办？"换成"那又怎样"会大有帮助。当你神经质时，朋友或伴侣也可以质疑你，因为听取别人对你的看法——假如看法是善意的话——也会是一种治愈。

这意味着找到一个人，你在他身边时可以做自己而无须表演，不需要成为热爱聚会的人，或者一位掌控所有的成功人士。你可以在对方面前变得脆弱，并被接受。这会让你觉得成为全新的自己。当你在对方面前冒险，变为脆弱的自己，而他们也接受了你，这便是一件神奇的事。

娜塔莎·伦恩：为什么有些人在一段关系中，很难让自己的愿望得到满足？

菲利帕·佩里：在过去的几百年里，我们训练孩子不要开口要任何东西，因为这令人讨厌。孩子们被告知"开口要东西的人，不会得到自己想要的"。孩子们成年后，会觉得如果他们开口说"在你睡觉前给我发一条信息道声晚安，我会觉得更好"是一件自私的事情。这听起来要的并不多，是吗？然而，感觉却是很多。因为我们在幼年时会听到这些话，比如，"跟你说过两次了，睡觉后别再喊我"。父母说这些时，并非十分愤怒。他们认为只有这样做，你才不会变成一个不断求的小家伙。然而，正是如此，才让你变成了一个索求者。因为，如果你不开口要求自己的愿望得到满足，它们就不会被满足，而这让你变得匮乏。

娜塔莎·伦恩：在友谊、社群，以及关系中找到爱，是不是建立自尊的重要一部分？

菲利帕·佩里：联结只能来自另外一个人，这样的想法是胡扯。很显然，我喜欢婚姻，要不然，我也不会和同一个人拥有一段三十年的婚姻。他一直是一个充满好奇心的人，我爱他，也爱和他在一起，但把伴侣之爱放在人性的关爱（对陌生人的爱）、友爱（友谊纽带）和本能之爱（父母和孩子之间的爱）之上是无益的。我们所需的，多于伴侣之爱，如果没有其他形式的联结，将会过于内观。所以，很重要的一点，是去问一问，你能为朋友或社群做些什么？你如何能逾越障碍，让自己被这些关系所接纳？

娜塔莎·伦恩：也许，我们需要付出努力找到不同形式的爱，而并非认为，我们可以自给自足。

菲利帕·佩里：看看狩猎－采集者部落，那里的人很少只依靠自己。我们是群居动物，要一直独自度假，像超人一样孤独吗？这是胡扯。假如你不喜欢独处，不喜欢一个人待着，这很正常。强迫自己做一件事，而身体里的每一个细胞都在尖叫着"不"，那会令人发疯。强迫自己做一些对自己没有好处的事，还是出于害怕不敢做一些对自己有益的事？识别出两者的不同很难。如果恐惧是一种刺激，那就去感受它，并坚持做这件事。假如需要运用大量的意志力做一件迫于社会压力的事情，那这就是另一回事了。

娜塔莎·伦恩：关于找到爱，哪些是您希望自己早先就能明白的？

菲利帕·佩里：我不需要担心自己不够好。爱意味着找到一个家。我们的父母不会永远在，我想我们也需要找到一个部落、一个家庭、一个社区或一个团体，有家一样的感觉。在这里，我们感觉自己被看见了，我们也可以看到周围。

*

二十多岁时，我在爱情中迷失了自己。三十多岁时，我决定不为任何人所改变。但菲利帕让我明白，坠入爱河的一部分是让另一个人对你施加影响。你们并非僵硬和一成不变的，她告诉我，你们互相改变，"就像两块石头互相摩擦，突然之间它们就合适了"。重要的区别是？当你做出的改变是为了吸引对方，这是"适应"，这并不好，因为你扭曲了自己的个性，只为了取悦他人。当你和对方一起改变时，这是一种"互相的影响"，你并非为了取悦任何人而装模作样。你们在成长，各自成长，也齐头并进。

*

我认为，真相是爱的核心。一位名叫吉尔·哈蒙德（Gill Hammond）的女士曾经告诉我："当你能抵达真相，即便这并未解决真正的问题，你们也以某种方式取得了联结。"而当我们未说出真相时——我们表演或假装在爱中，或表现出不同的人设来取得某人的青睐——我们让孤独进入了生命。尽管我们努力吸引爱，而真实情况是我们阻止了它。我们并非在努力被了解、被看见，而是在躲藏、在隐瞒。

最显而易见的办法就是停止成为你并不是的那个人，同时为对方了解你留出空间（反之亦然）。我们大部分人都明白这点。我们中的一些人仍然回避它。因为在一段关系中做自己是在冒险。这意味着向别人袒露你真实的点滴——化妆品下的粉刺，刻薄下的自我怀疑——并有勇气说出"这就是我，要么接受，要么离开"，并且说到做到。

作家朱诺·道森（Juno Dawson）是这样一个敢于冒险的人，也敢于在关系中随时走开，为了成为真正的自己。这是她在很多年做了相反的事情后才做出的决定：在她人生的前二十九年中，朱诺作为男性生活在世界上。直到变性后，她才可以真正地成为自己，作为女性，并停止在关系及人生中演戏。所以，我想知道：成为真正的自己如何改变了她的约会体验？诚实怎样让真爱更容易进入她的生活？

真正的自己和假装的自己之间的距离
与朱诺·道森的对谈

娜塔莎·伦恩：变性前，不能完全理解自己的感觉是不是会让爱难以进入生活中？

朱诺·道森：就像总有话到我的嘴边，我却不太能理解。现在明白了。当被介绍为"我的男友"或某人未来的"丈夫"时，这些是有鲜明性别特征的角色，而我在角色中看不到自己。因为我像女人一样感受着，而对方爱上的是我作为男性的表象。这让我们很难在关系中不去表演，而我在努力成为一个自己并不是的人——男人。决定变性时，我想我也许不会再有男朋友了，但至少我可以成为自己。我也许会孤单死去，但死时是个女人。我知道即使没有别的男人想要我，我也是在做正确的事情。我拥有朋友、狗和美好的生活。比起假装，完完全全做自己更重要，即便会单身（也许这对于所有人而言，都是重要的一课）。幸亏，我做出了决定，结果在变性后，一整个世界的爱在等待我。

娜塔莎·伦恩：您是否觉得变性前，无论遇见谁，关系都不可能进展顺利？

朱诺·道森：往回看，变性前的爱情是不可能的。并不是因为我太挑剔，或选错了男人。只是在我找到爱之前，有许多需要独立完成的功课。我约会过两位可爱的男士，他们身上拥有我想要的一切品质，但关系中仍有缺失。缺失与我的约会对象无关，而是关于我自身，以及我是如何避开自己的。

即使当我决定停止躲藏时，变性仍是一个缓慢、艰难、令人受挫的过程。等待者名单、医疗程序、药物、医生和十八个月的疗程。就像一个小神话，到医生那里去，穿过隧道，再钻出来时就是一位女性了。我和心理医生在一起谈论了很久，为何我的不满足感汹涌而来。最终我说道："看，我得试一试，我们已经谈论了一年了，现在我要像朱诺一样活着，然后看看会发生什么。"假如这令我痛苦，也许事情就会不一样了。我却越来越开心，而且从不回头看。

娜塔莎·伦恩：在变性后，约会让人感觉有何不同呢？

朱诺·道森：就像你终于破解了一个谜语。我人生的前二十九年一直在和这个难题较劲。难题消失后，我就能为更多的事情腾出空间了，包括爱。在三十多岁开始约会时，这是我第一次不戴面具的约会。坐下后，我说道："嗨，我的身体在经历巨大的改变，我的人生一团糟。这就是我。"有一个人说："酷。你很诚实。我们试试会发生什么。"于是我们就开始交往了。我非常惊讶，因为我不认为会有人对我感兴趣，尤其当我还处于变性的初期。他很可爱，但一切发展得太快，我需要把自己放在第一位。四年后，我遇见了迈克斯，当时我已经明白了自己是谁，我的人生更为平静。我也快四十岁了，不想用游戏的态度。也许成熟也有帮助。

娜塔莎·伦恩：当您遇见迈克斯时，你们的关系与其他关系有何不同吗？

朱诺·道森：当我们相遇时，我正从一段糟糕的关系中抽身而出，这是一个让我感到浪费时间的人。他让我变得疯狂，夜不成寐，因为我不知道过去三天了，他是否还会回复我的信息。这是恋爱关系中重要的一课：没有人会忙到没空回复信息！

在那之后，我重新安装了交友软件。还没重装时，很显然，迈克斯已经开始喜欢我了。我同意和他一起喝一杯，当时我的心情仍然不佳。那时，我希望全人类遭殃，并觉得我工作出差回来后，和迈克斯就会不了了之。但后来，我们一起去吃了比萨，约会感受很好。我看出了他聪明且善良。我想，这并不是我随便和一个人都能拥有的对话。几个月后，他出现了健康危机，因为视网膜手术的失误差点儿眼瞎。直到那时，我才知道自己有多在意他。

我想要说的是，并不是这段关系不同——而是我变了。和另一个人在一起，需要大量情感素养：不需要加戏，而是需要折中。不是耍脾气或者扭头离开，而是需要学会读懂信号，明白何时让步，何时坚守原则。没有自我理解，方向就不易找到。我觉得学校应该教大家这些。

娜塔莎·伦恩：关于找到爱，哪些是您希望自己早先就能明白的？

朱诺·道森：就像调制颜料：有时，两个人在一起会产生可怕的颜色。有些人会把你体内最糟糕的颜色释放出来，如果是那样的话，错的是关系,而不是你。你不应该失眠或为爱哭泣。你也不需要为它而战。如果它让人觉得是一场撕扯,那就别浪费时间了。

*

朱诺提醒我,我们需要努力去理解感受的真相——为何小批评会让我们烦躁?为何我们感觉不安全时会生气?总有诱惑让我们想要躲避自己。而重要的是,要注意到这种诱惑,抵挡它们并找到让我们在关系中变得诚实的方法(哦,并记住一个教训,这可以让你省去很多年不必要的折磨:没有人会忙到没空回复信息)。

不能承受的未知

"我想我们的任务——也许甚至我们的'职责'——是用尽可能的优雅来承受未知的重压。"

伊丽莎白·斯特劳特(Elizabeth Strout),《又见奥丽芙》(*Olive, Again*)

某个周日的清晨,在一个离我家两条街的咖啡馆里,有位男性坐在我的邻桌。通过有限的细节:和善的脸、让人想开口借来一穿的深蓝羊毛套头衫、在读的书(《失控的陪审团》,*The Runaway Jury*),我勾勒出了他可能的样子。他看上去是那种人,当你的父母第三遍絮叨同一个故事时也会表现出礼貌的兴趣;会清洗干净垃圾箱底部残留的棕色液体而不是无视,而且还会再套上另一个黑色的垃圾袋;是那种当你怀疑自己时,会说"你什么都能做到"的伴侣,并且发自内心;也是那种一收到消息就会回复的人。我以为,这可能是我遇见缘分的方式——不是在交友软件上,而是在现实中,与周日清晨咖啡馆的邻座开始一段对话,讨论约翰·格里森姆(John Grisham)写的故事情节。我记得,如卢·巴洛(Lou Barlow)唱道,"任何人都可能成为你的新欢"。这时,一位女士——他的女朋友——走了进来,坐在他的对面,说道:"对不起,我迟到了。"我转而面向笔记本电脑的屏幕,慢慢地从我刚才勾勒的画面中清醒过来。这就是我快三十岁时的样子：总以为会马上遇见一个人，机会到处都是。但当它们未在现实中成真时，便开始自怜自艾。这种寻找让我持续分神，如同在聚会上和朋友聊天，却看向他们的身后，注意着下一个会是谁出现在门口。只是，我错过的不是一个对话，而是我的人生。

在听到阿兰·德波顿说起为何我们在周末会比平时觉得孤独之前，周日对于我来说时间的确流淌得更为缓慢。为避免早晨在慵懒中度过，有一个早起的理由非常重要。冲澡，穿上合适的衣服并离开公寓，我常常来到这家小小的地中海咖啡馆，带着我的笔记本电脑和报纸。"一位吗？"同一位服务员，同样的问题。"是的，麻烦了。"同样的回复，"靠近插座！"虽然咖啡馆里的其他人都是陌生人，但有他们的陪伴也很好。一个温柔的笑脸、一句温暖的问候，都让我觉得自己与外在相连，尽管我并不确认这种感受到底是什么。

彼时，在我亲近的朋友中，只有我还是单身。忙碌得无法在周日相约的朋友们会经常埋怨自己时间不够用。他们希望自己能拥有更多的时间。他们要收拾小孩们的派对背包、招待双方的父母、准备星期日烤肉。因为时间有限，他们更为珍惜，而我有大把的时间，所以不那么在意。我懂得时间非常珍贵，需要好好利用：我活着，可以做任何事情，写作、做志愿者、练瑜伽、去美术馆、上陶艺课、去我也许会结交新朋友的地方。我厌恶时间凸显了我的孤独，也厌恶自己浪费了它。

很显然，单身让我不开心。掩藏在底层的，还有对可能一直单身的隐忧。更糟的是，还有未知所衍生出的焦虑。我无法控制住自己，想要与未知对抗。就像在车站拖着一只沉重的行李箱，如果终点出现在视野中，一切就会容易许多。当你能看到车站台阶的最高处，或能看到跑道的终点线，似乎就能再挤出一点儿力气靠近目标。而在寻找恋爱关系时，让人疲倦的是永远不能确切知晓是否会有终点。我会告诉朋友："我并不介意未来的十年是否会遇见合适的人，我只想确定这件事会发生在未来的某一天。"

我人生的这个阶段是如此目光短浅。我只在意被爱，而不是去爱；我在等待着，而不是去建立关系。很多我期待从恋爱关系中获得的——陪伴、联结、成为母亲的机会——事实上，即便没有身处关系中也是可能的。然而那时，我无法认识到是自己造成了自己的孤独，所以我一直处于一段自己并不知晓是否会发生的关系的阴影之下。

你是否曾感受过未知让人无法承受的重担？你是否曾想过，如果被承诺终有一天得偿所愿，是否可以松一口气？或者，若知晓永远无法得到，那至少可以设计另一种人生路径，而不是白费精力期许未来的可能性：一段想要的关系？怀孕？某个行业中的一份工作？除非你相信通灵，不然的话，我们每个人都会面对一些不确定性——它是存在的一部分。或许知道这一点令人欣慰，与别人相比，无论拥有或缺失什么，随机性带给人的无力感是相通的。每天早晨我们醒来时，并不知道自己何时会离开这个世界，也不知道离开时会发生什么。我们会如此轻易地忘记这个贯穿一切的大问题。相较而言，其他的问题是如此渺小。这并不是说它们不重要，而是更为容易对付。

最近的一个周日，我去看望了祖母。她的家曾经乱成一团，总是乱糟糟的，挤满了人。孩子们搬出去后，她的家安静多了。当祖父和宠物狗们离开这个世界后，就更安静了。八十多岁，腿脚不便的她无法四处行走。除了家人登门看望，她依赖着电视给予的陪伴。"问题是，娜塔莎，"那天早晨她和我说道，"我的大部分朋友都去世了。事情就是这样。就是这样。"那一刹那，在那栋安静的房子里，我意识到：时间对于祖母来说是缓慢的。她处于不可避免的衰老期，恶化的健康偷走了经历，死亡偷走了朋友，曾经热闹无比的生活变得沉寂。

开车回家的路上，我心想，这些我在对抗的未知其实也是机遇。回过头看我在幼儿期、儿童期、青春期时所面对的未知，最终也延展为美好的人生画卷。不幸中最不堪的一面，并非直接源于欠缺什么，而来自想要一个和眼前截然不同的人生。也许，这种感受完全不是渴望的状态，而是要去看见的方式。这是在机会缺失中的伪装的选择。

我想知道，什么才是更好的看见？当不确定性让你变得愤世嫉俗时，如何向前走？我想，在一次对谈中，当我问作家希拉·海蒂（Sheila Heti）是否要生孩子，她给了我以上问题的答案。最重要的事，她解释说，不在于做出"正确"或"最好"的决定，而是"把你自己和生活紧密地捆绑在一起"。她说："赋予生活意义，生活才会有意义——并不是你做了选择，生活就有意义了。"我们在选择的语境中讨论这个问题，但我想这也适用于命运。我渴望的浪漫关系或家庭并不会使我的生活有意义，只有我自己可以。

这意味着应该把我真正的孤独看作需要改变的信号（通过建立新的、有意义的联结），而把独处看作不同的机遇。美国卫生局局长维韦克·默西（Vivek H. Murthy）在他的著作《陪伴》（*Together*）中解释了两者之间的差别。我们有很多独处时刻，与自然、使命或意义相联结，而并不觉得孤独。也有诸多与他人共处的时刻，但其实我们在"精神上是孤独"的，如维韦克形容的那样。我之前的关系就是如此。他写道："感到孤独时，我们很沮丧，并希望能够逃离这种精神上的痛苦。而独处，相较而言，是一种平和的孤独……它提供了自我反思的机会，并能排除分心和干扰而与自我相连。"这种区别让我看到，虽然对爱的渴求是一种负担，但它也使我对独处时短暂的美好更为敏感——一首悲喜交加的歌曲中的超然弦音、完美推敲的语句中传递出的力量、六七片玫瑰花瓣没有预兆地从花朵上掉落，着地前在空中飘旋。也许错失所求能让你体悟到另一番浪漫。当人生逼迫你生活在密集的未知中，面对两种未来的可能性时，也给了你挖掘内在潜能和爱的机会，这会让你在未来的岁月中受益。

我想把这个顿悟告诉年轻时的自己，那时的她坐在咖啡馆里，傻傻地幻想着和一位男士偶遇，而他已"名草有主"。我想告诉她，有一天她会在同一张桌旁，和一位小学老师一起享用薄饼，她会和对方约会，还会慢慢地爱上对方。而即便这一刻非常美妙，也只会是她在这个咖啡馆里度过的很多个值得纪念的清晨之一。在那儿，她会和一位新朋友喝上一杯咖啡，而这个朋友也给予了她很多的关爱；她也曾来此暗自伤怀；她还和哥哥在此共享阳光下的早餐，并决定一起搬进拐角处的公寓；她也在很多个周日独身来此，埋头于这本书的写作，试图最终理解孤独和独处的区别，并体会出后者蕴藏的深意。但也许，我并不会告诉她，即便我能做到。因为这样做会偷走那些属于未知的礼物，神奇、复杂，有时也令人生厌；偷走她还未涉足的地方和她还未谋面的脸庞所带来的兴奋。

也许，这就是你如何尽力用优雅承受未知重压的方式：在曾自我可怜之处看到了谦卑，在曾以为缺失之处看到了机会。可以说，"即使未得所愿，我仍有不错的人生"，并更能体察让人生美好的微小细节。

永远记得,不知道下一步会发生什么意味着一切皆有可能。

*

正如后来所发生的,在那几年,我的确拥有了很好的情谊;这是一位朋友,而非恋人。二十七岁时,我结识了玛丽莎(Marisa),我申请了一份女性杂志的实习岗,是她面试的我。虽然在我成为正式员工后不久,她就换了一份报社的工作,但我们一直在寻找方法,让彼此的生活有所交集。

在我的回忆中,那几年是充满爱的——在索霍区的酒吧里,我们喝着玻璃杯中不冷不热的白葡萄酒,谈天说地,每个夜晚都以酒保把大灯打开让我们离开而告终。夜晚的时间似乎从不足以让我们畅聊。我们成了我在比萨店工作时讨厌的那种顾客。有一天晚上,我们感受到了委婉的提醒才离开,那时店里弥漫着漂白剂的气味,店员们开始拖地。

尽管关系开始得很曼妙,但不同于女孩浮夸的叽叽喳喳,这是一种理解和被理解的友情。那时,我觉得在我约会过的男性眼里,我就像一幅模糊的铅笔素描;而玛丽莎不但可以清晰地看见我,还能发掘出我内在的五彩斑斓。当一位朋友让你有如此感受时,在她身旁,会仿若沐浴在平静之中。她们的提问会让你更靠近自己,她们的爱会驱散你的不安全感。因此,在与玛丽莎的爱与被爱中,我学会了珍视自己。

许多我曾交谈过的人都认为自己在友情中找到过港湾。阿依莎·马利克说自己在二十多岁时的友谊拓宽了她对爱的认知,而菲利帕·佩里认为朋友的珍视让自己有勇气走出第一段婚姻。我们的经历体现着哲学家西蒙·梅（Simon May）在他的著作《爱的历史》（*Love: A History*）中对亚里士多德式友情的阐释——古希腊人称之为菲利亚（philia）。梅发现菲利亚能让你更了解自我，更自尊自爱。自我认知如此艰难，亚里士多德相信关爱朋友是获得这种情感知识不可或缺的一部分。梅在书中写道："我们得以通过深爱的人了解自己，并不是因为对方将我们的样子告知，而是因为我们在对方身上看到了自己的影子。"

这也是作家坎迪丝·卡蒂-威廉姆斯（Candice Carty-Williams）对于友谊的经验。在她的畅销书《奎妮》（*Queenie*）中，她探索着蕴藏在友情中持久的支持体系。在自己的人生中，她也得以在友情中找到归属和家的感觉。她的经历与我之前的一些谈话内容相反：与以爱情为中心不同，坎迪丝觉得在友情中发现爱更为容易。所以，我想知道为何她觉得在友谊中比在浪漫关系中更容易脆弱，她的朋友们给予了她怎样的特别关怀，以及她是如何维系关系的。

能看到你内在良善的朋友所给予的力量
与坎迪丝·卡蒂-威廉姆斯的对话

娜塔莎·伦恩：从何时开始，朋友在您的人生中至关重要？

坎迪丝·卡蒂-威廉姆斯：今天，要是有人问我，"你人生的挚爱是什么？"我会立刻想到朋友们，因为我允许爱以友情的方式进入我的生命。童年的遭遇使我时常担心亲近的人会离开我。我的父亲缺位，而我的母亲尚需弄明白作为母亲而不仅仅是朋友意味着什么。在我二十五岁时，我两个最好的朋友去世了。兴许是害怕被抛弃，我对浪漫的爱情产生了抗拒，但我没有抗拒友情中的爱。这是我接纳他人的地方。

迄今为止，比起恋人，朋友们给予了我更多的善意。所以，和那些能看到你内在善良并能把它们激发出来的人在一起非常重要。我明白我需要更善于在一段浪漫关系中敞开自己，但建立和投入健康、有爱和愉悦的友情也很重要。

娜塔莎·伦恩：您从友谊中收获了哪些爱的感悟？

坎迪丝·卡蒂-威廉姆斯：家从未给予我支持，直到在大学里结识一群朋友时，我才第一次感受到可以依靠别人，他们能够看到各个角度的我。我们的行动和个性各不相同，但他们却成为我向往的一种家庭形式。是他们让我明白爱是始终如一的、坚固的、稳定的，能带给我安全感。我知道有人把爱情置于友情之前，但于我而言，我更珍视我的朋友们。是他们让我明白了爱与被爱的意义。友谊对于我来说更为轻松，这是爱情无法带来的感受。

娜塔莎·伦恩：很多人认为，与朋友们在一起，会比处在情感关系初期阶段更自在。您认为原因是什么呢？

坎迪丝·卡蒂-威廉姆斯：和朋友们在一起，我可以表现出更多的脆弱，因为在朋友面前袒露真实的自己时，似乎风险更小。而对于一段浪漫的情感关系来说，则有太多的社会期待：成为"男朋友"或"女朋友"、同居、结婚、生子。这意味着，某些时刻，总有一个人会琢磨自己是否愿意长久投入这段关系，完成一项项任务。这解释了为何我在情感关系中表现得很糟糕。假如，我向对方袒露了连我都不太喜欢的自己，而对方离开了呢？早年经历让我害怕被抛弃，因为我有过理应爱我的人却离我而去的遭遇。而在友谊中，我可以相信朋友们会一直在，我们所分享的爱也会一直存在。

娜塔莎·伦恩：也许，不对友情贴标签就意味着它不会正式破裂。诚然友情也会结束，只是一个缓慢的过程。

坎迪丝·卡蒂-威廉姆斯：社会压力也并不会要求你以某种方式建立友情或给以承诺。你们以自己的方式相互付出，而不是以外在要求的方式。没有标签，没有官方标准。假如没有一起度假，友情并不会就此完蛋。而对于一段关系，周围人会问起——家人尤为如此，朋友有时也会——有没有里程碑式的进展："你们何时会住在一起？"或者"你们有没有说过'我爱你'？"在我的经验中，这些期待让关系更为艰难。

娜塔莎·伦恩：对您而言，怎样才是一位好的朋友？

坎迪丝·卡蒂-威廉姆斯：这个问题首先得问问自己。对于我，好朋友是展现关爱、投入时间、了解对方——他们的历史、他们的欲望、他们的渴求；看见他们的不同面，并全然接受；在关系中找到浪漫。我也讨好朋友，我会称赞对方，让他们觉得自己不错。挂断电话时，我不会说"爱你，再见"，而是说"我爱你"。分隔两地时，我会说出我的想念；相聚时，我会称赞对方美丽的外表。我也很看重生日，我曾经历过一次糟糕的分手，当时我工作中的一位好友在我生日时扮演了男友的角色。她知道没有人会为我计划什么，所以把一整天都安排得很美好。我们仍为彼此的生日做同样的事：制订规划、在那一天照顾对方。小小的仪式感可以告诉对方，你们的友谊对你非常重要。

娜塔莎·伦恩：我知道您有两位好友离世了，其中一位是和您每天交谈的人。这会让您更难相信友谊是不变的吗？

坎迪丝·卡蒂-威廉姆斯：丹是我的至交。他一直在我的身边。他是第一个和我说"你可以做任何事"的人。很显然，从那时起，我开始让朋友进入我的生活，但失去丹也成为我躲避亲密情感关系的一个原因。这就是为何我总是第一个离开一段关系。对方随时可能撤离的害怕笼罩着我，我需要摆脱这种感受，因为我知道这不是真的。也正是这种感受阻止我向爱的人提出要求。在友谊中，我需要突破自己作为照顾者的角色，因为这根源于对被需要的渴求。我的自我认知很大一部分是通过照顾他人构建起来的，但我知道友谊中有一部分流动的爱意来自自身的需要得到满足。

娜塔莎·伦恩：对您而言，什么是友谊中真正的亲密感？

坎迪丝·卡蒂-威廉姆斯：别人以为我很强大，然而我并非如此。我敏感脆弱，而亲密感允许我向朋友袒露自己。无论欢乐还是悲伤，朋友都能看到真正的我。朋友能理解我会焦虑，会抑郁，会疯狂，会害羞，会犯傻，会害怕。朋友看到每一面的我，温柔地陪我度过时光。这就是真正的亲密。这种需要是双向的：朋友可以打电话对我说："嘿，对不起，我现在不太能逗你开心。"我会回答："我不需要你逗我开心。你又不是一只作秀的猴子。不管是好是坏，还是不好不坏，我都在呢。"真正的朋友可以看穿任何一种掩饰、拒绝和躲避。

娜塔莎·伦恩：随着事业的发展，您比以往更为忙碌，有没有找到新的方式来投资这份爱呢？

坎迪丝·卡蒂-威廉姆斯：大学时，我的电话一直不离手。我总在联系朋友。现在因为工作和成年人生活的需要，有时我不再能那样了。但是比立刻回复信息更为重要的是,当你说话时,能给予对方全然的关注。我希望朋友们懂得,我有时间聆听,即便我做不到他们一有需要我就出现。我还学到,朋友们并不能够自动了解我对于他们的感受。如果好几天我没有发信息,并不是我不在乎,而是因为我忙晕了,或是有时低落的心情让我觉得自己并无趣事可以分享。我也在努力:理解人们怎么看待我,理解自己,说出自己的感受,而不是默认别人肯定知道。我心情低落时,不会平白无故地消失,而是会说:"我现在感受不太好,也许会变得安静。"行为并无不同,但我表达了出来。这是很重要的区别。

娜塔莎·伦恩:我们说要靠自己找到自身的价值,而不是把这个任务交给伴侣。那么您觉得我们可以通过友谊找到自我价值吗?

坎迪丝·卡蒂-威廉姆斯:没有朋友的话,我便无法成为现在的自己。他们会指出我无法看到的成功。当我不喜欢自己时,他们会指出我的闪光点。这听起来很戏剧化,但有时的确如此。这又要追溯回我的童年。我祖父是印度人,我祖母是牙买加加勒比海黑人,我母亲和她姐妹们的鼻子俊挺,肤色较浅。我有一位表姐,长得和她们很像,有着蓬松的鬈发、浅肤色和笔挺的鼻子,而我却长得不一样。长大时,有人会和我说:"你的表姐很漂亮,但你很聪明。"(长大成人后,我不由得想,为什么要和一个孩子说这些?)上学后,学校觉得我有行为问题,把我归到差生队列。我觉得自己不仅不好看(当时的我认为好看是一个人在这个世界上的价值),还不聪明。十五岁时还一直这样想,那就不太可能成为一个会说"我很棒"的成年人。即使我写的书名列畅销书排行榜，我也不认为自己有所成就。所以，当朋友们鼓励我去庆祝自己的成功时，我深受感动。

娜塔莎·伦恩：拥有这些给您打气的朋友是否改变了看待自己的方式？

坎迪丝·卡蒂-威廉姆斯：他们让我走进房间时更为自信，感受到自己有一席之地和价值。我的自卑很大一部分源于我是一名总在白人空间中求生存的黑人女性，所以找到一群黑人女性朋友至关重要。我会说"我和别人发生了争执，他们说了×××"，这时没人会回应"你想得太多了"或者"也许他们并不是这个意思"，而是说"是的，这也发生在我们身上，我们可以聊一聊"。这是我此前人生从未有过的援助。如果我跟我母亲说"有人和我说×××，我觉得那是因为我与他们不同"，我母亲会说："不，不，别担心。坎，他们很可能不是这样想的，我们都是人。"我想这是有问题的，这让我从未理解差异确实存在，而接受它并非不可。我的朋友们让我意识到自己的感受是真切的。现在如果有人用歧视的语气和我说话，我能在安全的空间向朋友们说出我的感受。当然，我在不同的方面有着不同的朋友可以交流，而无须解释便可获得理解是一件珍贵的幸事。

娜塔莎·伦恩：关于找到爱，哪些是您希望自己早先就能明白的？

坎迪丝·卡蒂-威廉姆斯：朋友们爱的是你，而并非因为你给了他们什么。

*

和坎迪丝的对谈让我意识到阿兰·德波顿是正确的：将友谊降格为低级形式的爱是一种不幸的误解。无论你是否身处一段男女关系中，朋友都可以靠近你，这是其他人所做不到的。那么，如何把友谊拉回它在爱的等级中恰如其分的位置呢？我认为需要小小的仪式和提醒。对于坎迪丝，是每年计划一次生日惊喜。对于战地记者珍妮·迪·乔瓦尼（Janine di Giovanni），是在周日与世界各地的朋友在视频上共进早餐。对于我和玛丽莎，是在比萨快递餐厅的定期约会，对于那里的菜单，我们熟稔于心，无须费时琢磨。小小的仪式是佩戴她送给我的金镯子，镯子内侧刻着一句话："希望我们能一直伴着冰箱的小灯起舞。"玛丽莎送给我镯子时，我们的住处仅隔几条街，我们互动频繁。现在，我们的住所不再相邻，镯子提醒我们需要找到别的方式弥补距离。小小的物件意味着，我们要把彼此放在最重要的位置。

*

与坎迪丝的体会类似，和朋友们在一起，我也经历过爱另一个人所带来的快乐。而在男女关系中，我对于关系需要什么考虑得少之又少。什么是两个生命的结合、两个家庭的融合呢？如何才能看清对方，给予对方改变和成长的空间，成全对方的梦想，接受他们的缺陷，原谅他们的过失呢？我们如何爱一个人，用爱将对方最好的一面激发出来？我们如何能做到，忠诚于眼下对方的全部，也能忠诚于未来的对方？我决定向海瑟·赫里雷斯基（Heather Havrilesky）请教，她是专栏

"去问波莉"（Ask Polly）的作者。

海瑟是一位知心姐姐，她对来信中每一个爱的问题都有着措辞美妙的答复。有一个读者向往浪漫的关系，她回复道："你需要摆出艺术家的心态，保持创造力，描绘出一个激动人心的单身生活。"另一位读者饱受婚外情的折磨，她对此写道："你犯了一个错误，但与此同时，命运给出了请柬，让你可以安抚被忽略的内心所发出的怨言。"我常常翻看她的话语，作为指引。我很确信，她可以说明白选择爱一个人这一疯狂的举动，而不对过程添加任何矫饰。想想看，在对彼此十年、二十年、三十年后的样子一无所知的情况下，仍决定忠诚于这段关系，这的确是一件疯狂的事情。你与对方签订共建人生的契约，而未来一切未知。谁会生病、谁会失业、谁的父母需要经常照料。一段关系的开始都是如此：我们一头栽进未知。我想要问海瑟，在对胜算一无所知的情况下，我们怎么就敢下赌注呢？她如何理解爱的行为？今时今日，她又是在哪里找到爱的呢？

所有的爱都始于想象和恐惧
与海瑟·赫里雷斯基的对谈

娜塔莎·伦恩：您曾说，您会收到各种类型的信件，但一开始，您就对爱的话题尤为关注。这是为什么呢？

海瑟·赫里雷斯基：我有一种"从战场苟延残喘活下来，想要书写战争"的心态。我曾与一些人约会，他们与我若即若离，在关系中忽冷忽热，而我凭借一己之力填补了关系中的空缺。我不停退让，让对方的性格和爱好牵着我的鼻子走。接着，可预见的是，一年后，我会把他们赶下神坛，让他们直面真实的我。因此，每段关系大约维持两年：第二年，我会受不了在幻象下自己虚构的人设。这不一定是对方的问题，因为你才是围绕他们虚构幻象的人。

娜塔莎·伦恩：您是否已经摆脱了这种模式呢？

海瑟·赫里雷斯基：我曾以为男性是稀缺的，一旦单身，就会急切地想要抓住一个人，否则就会以为自己将永远孤单终老。和上一任男朋友分手时，我才意识到每结束一段关系，我就会在一年内迅速找到另一个人，并且马上认真地对待起这段关系。所以我和自己说："不要遇到第一个男士就急匆匆地跳入一段关系中。"我买了一栋房子，养了一条狗。我决定找到一种方式，无论境遇如何，都能让自己开心，因为我不能依靠纤弱易碎的爱让自己高兴。不管怎样,我要么要孩子,要么完成所有想做的事,而这时我的先生出现了。

娜塔莎·伦恩:所以您在斟酌您想和谁在一起,而不仅是被挑选?

海瑟·赫里雷斯基:是的。遇到我的先生时,我也坚持真实的态度。我不再想使用小伎俩或诱惑对方围着我转。我希望对方能清晰地看见我和我的缺陷,要么全盘接受,要么走开!我情愿发现对方并不喜欢我,而不是在两年后,所以我固执地坚持我的权利,做一个有点儿咄咄逼人和情绪化的人。对于这点,我的先生和我不谋而合。他曾有过一段婚姻,有着自己的问题,并很乐意让它们暴露在我眼前。而且,我已经三十四岁了,我想拥有孩子,我不想浪费时间和另一个并不是全心全意爱我的人在一起。

尽管三十四岁并不算老,但等待时间越长,在遇到合适的人时就越为感恩。经历了心力交瘁后,对于简单和良好的关系,你会有所觉知,从而更容易给出承诺。你仍然会有挣扎,但当你觉得拥有对方是桩幸事时,相处就会悄然发生变化。年少时分,或未历经世事时,是难以有此体会的。

娜塔莎·伦恩:您与先生的关系是如何让您感受不同的呢?

海瑟·赫里雷斯基:当我在博客上写自己是单身时,他给我写了封电子邮件。尽管我收到很多邮件,但我先生的邮件非常有趣,且毫不谄媚。他的语调让我为之心动。从一开始,一切都是认真和神奇的。

三个月后，我们都明白自己深陷其中，接下来呢？我决定和谁共度此生呢？我要和谁一起对付每天的柴米油盐呢？出于吸引力、爱和你认为自己找到一个很不错的人所带来的欣喜若狂，你创造了一个神话般的人物；当面纱退去，你最终会面对对方庸常的那一面。我认为所有的爱都始于想象和恐惧。一开始，你就在几近无知的状况下下了一个赌注。

一个重要的区别是，我们更容易与真实生活中的自己进入"抗争"的状态，因为从一开始，我们就全身心地进入了角色。当对方坦诚相见，你也如此时，这将是全然不同的体验。首先，你不会迷失自我。痴迷于对方时，会很容易丢掉自己，因为你满眼都是对方。但与一个和你一样全情投入的伴侣在一起呢？你会更容易意识到自己有所保留，或没能投桃报李。你将有更强的自我意识，相较于漫不经心的伴侣而言，他们会更关注你。

娜塔莎·伦恩：与比尔坠入爱河，让您明白了建立关系的哪些道理？

海瑟·赫里雷斯基：比尔和我共度了很多时光，但我们每天也在接受彼此的局限。一段好的关系需要如此。日常生活中所面对的压力会让我们将伴侣推开。对我而言，就像与另一个人建立了私人的宗教信仰，而诚实和脆弱也是其中的一部分。必须一遍又一遍地沟通彼此的需求和恐惧。假如你很强势，包容对方的弱点对于你将是一个挑战。我是个强势的人，但仍会鼓励先生去体察自己的感受并说出来，而我会尽力耐心。他比我大七岁，常抱怨自己背疼。我也有严重的颈椎问题，所以我能够理解他，但我并不抱怨。问题是，如果你和自己说，"我并不想听到你的病痛，因为我并不抱怨我的问题"，这将导致爱的终结。

你需要变得宽容，给予对方所需要的。如果不那样，双方很容易退回到自己的世界，并停止分享。我们自身的硬痂会阻碍关系的建立，而我们需要像一个团队，一次又一次地努力将其剥落。

娜塔莎·伦恩：如果要求伴侣同自己保持一致会导致爱的死亡，那相反应该怎么做呢？如何面对他们与自己的不同呢？

海瑟·赫里雷斯基：你的伴侣会有很多面，而你会与每一面建立联系。有些联系是美妙的，而有些联系是恼人的。不管怎样，你需要接受对方身上所有层层叠叠的美和复杂，并激发它们。这也包括聆听他们埋怨背疼！因为爱就意味着在渺小、庸常的片刻中看到意义。有人埋怨背疼时，这也是他们复杂且迷人的世界里的一部分。他们是你人生剧本中的一个角色。也许依靠抱怨，这个角色才能抑制住自己绝望的情绪，存活下来。你和伴侣对彼此抒发的小牢骚是一种特别的诗歌艺术，它们是丰富、有价值和有趣的。持有这个视角并不容易。但快乐的最佳定义是：你能把人生看成永恒变化、逐渐展开的精彩艺术，接受它并不会成为你期待的样子，并认为它比任何完美无瑕的东西都具有美感。所以，爱一个有着各种小缺陷和小怪癖的人，也是在学着生活，在已有的人生中得到满足。

娜塔莎·伦恩：对于一个期待拥有伴侣却求而不得并在寻爱之路上筋疲力尽的人，您有何建议？

海瑟·赫里雷斯基：当你身陷执念的囚牢中，每一个放弃的瞬间都会产生新的可能。放弃并不是指放弃寻找伴侣，放弃生孩子，或放弃任何你想要的，而是放弃对未来的控制。当你对某人或某物痴心向往、陷入执念时，放松意识会让你松口气，而这一切的发生都由你自己做主。这很容易——作为一个勤勉且聪颖的人——要多多练习。后退一步，放轻松，心想事情本该如此，这会让你开心一些。我们理应生活在渴望的浪漫中，而不是痛苦之中。也要意识到，感情的浓度并不意味着忧伤，渴望也并不意味着不顾一切。渴望可以是一种可爱的姿态。

娜塔莎·伦恩：在积极的行动、希望和接受中，您是如何找到微妙的平衡的？

海瑟·赫里雷斯基：做自己需要做的事，但请保持一点疏离的态度，并记住其中某部分是完全脱离你的掌控的。你所需要做的就是拿着避雷针，等待，但无须过于用力。这是在期待、用力和放手之间起舞。这很难用语言来表达，因为等待爱真的很难。我能提出的最好建议就是尝试不同的态度。完全放弃是有益的；相信一切终会发生也是有所帮助的。每一天都是全然不同的景象，你需要重新定位自己，并拒绝在体会自己的感受时，裹上羞耻感和忧伤。拒绝负面思考的坏习惯——我是失败的女性，我缺少特别的女性魅力。怀孕时，我就有这种感受。这很蠢。这是一种旧时的羞耻感。

娜塔莎·伦恩：那么您是如何摆脱这种羞耻感，并且没有让渴望削弱人生中的幸福感的呢？

海瑟·赫里雷斯基：远离那种旧有的、破碎的体验情感浓度的方式，转向积极的、愉悦的方式，这才能让人在强烈的渴望中感觉良好。假如你勾画了一个伤心的故事，并沉浸其中，怎能不疯狂和忧伤？但尝试看看最糟糕的情况也许是有好处的，你可以和自己说："如果进展不顺利我会怎样？如果我知道十年后这件事不会有任何结果，没有遇见一个合适的人，没有孩子，我会做何选择？我会领养孩子吗？我会旅行吗？如果我想要的东西——缺位，那我人生最好的样子又能如何？"我常常逼我的先生想这些，谈论我们最糟糕的处境，以及面临的可能性。这有些沉重，但也让人释然。

更多的是，我又开始认同自己拯救自己的想法。我曾经讨厌这句话，但为自己挺身而出，做自己的靠山，在糟糕的时刻陪伴自己越来越重要。同时，你仍能充满爱意，并欣赏他人。你仍能拥有一切自己想要的东西，并成为自己的救世主。人们常常把独立与枯竭、妥协联系在一起，但当你和我一样，非常用力去爱时，很难不如此。真实情况是，沐浴在爱河中，深爱一人或极致喜悦时，都需要诸多行为上的自制力。这需要你去感受自己的诉求，自己做决定，并救赎自己。

娜塔莎·伦恩：关于找到爱，哪些是您希望自己早先就能明白的？

海瑟·赫里雷斯基：我曾希望自己能早一些明白，只有当你觉得自己值得被爱时，才能感受到爱，包括做一些让自己感受良好的事，比如发展事业、更为独立、结交朋友。但实际上，我认为更重要的是，理解自身的欲望、冲动和复杂性，拒绝用虚弱、匮乏、恶劣、破碎这样的词来主要形容自己,并用你真实的样子定义自己。

我仍相信爱,也许较之前更为深信不疑。如果有机会的话,我会在养老院里继续寻找它!但它不会像之前那样挡住阳光,而只是活力人生的一部分。我理解当你年轻时,尤其是当你有孩子时,它会是一切的中心。但我一直过于看重它,现在我学着不这样做。我学着珍视自己的想象力和创造艺术的能力,而不是看重别人对我的欣赏或我对他人的爱慕。但我仍能和他人建立联系。婚姻仍是我人生的重要部分。但我也相信,完全不依赖他人的存在自有其乐趣。我认识到,定义我人生的能量存在于我的内心中,我的人生不应该被其他人定义,而这一认识是稳定持久的。

*

海瑟教给我的是,不要以固化的姿态看待流动的爱。因为我们常想把所有的力气都倾注于一段友谊或者关系中。而有时,爱只是野心、希冀和探索交织而成的绣帷中的一根线头。

她也提醒我,爱既需要有清醒的意识,也需要闭上眼睛、毫无计划地一头栽进。我们在对未来进展一无所知的情况下,开始大胆尝试。也许,这种信仰和希望会带着我们走过艰难时刻,当我们回头看,不禁惊叹,我们曾是如此无知,而止步不前的理由又是如此容易找到。也许,我们会感谢这个天真的决定,正因为它,才有后面的几百个决定。当我思考这些时,也在听着淋浴中的先生在引吭高歌凯特·斯蒂文斯(Cat Stevens)的《顽固的女人》(*Hard-Headed Woman*)。我知道,因为一点点小差池——一个取消的约会、一条被忽视的消息、一场宿醉——也许我们就会永远错过彼此。相遇相知是多么幸运啊。

有时，就是要靠碰运气。

我想知道我们如何才能接受对方的缺点，海瑟给了我新的思路：不仅要与这些不完美和平相处，还要珍惜它们。将它们视为"彼此独特的诗歌艺术"。当然，我们并不是圣人；当爱人一直抱怨工作、疲倦和背疼时，这的确令人心烦。正如我们明白美丽人生既包括欢愉，也包括痛苦，我们所爱的人既有令人惊叹的一面，也有令人懊恼的一面。他们神秘、性感和有趣；但也无聊、有不安全感和邋遢。同一个故事，他们会重复四遍，会放屁，牙缝中会塞有食物，一天会问好多遍"你看见过我的眼镜吗？"但海瑟让我明白，也许有一天，我们会用留恋的心情，回看这些无趣、扭捏和令人厌恶的点滴。把它们看作一个完整的人身上有趣、讨喜和美好的一面，也许这才是爱。

*

与菲利帕·佩里的对谈，让我明白了，我们过去的故事是如何出现在我们的今天的，我们如何用意识引导自己做出下意识的行为。我们如何与过去对话，而不让它定义我们？我向诗人、作家和电台节目主持人雷门·西舍（Lemn Sissay）寻求答案，他用了人生大部分时间在"理解过去"和"被过去操控"之间寻求脆弱的平衡。

雷门的诸多诗歌中，关于爱和心碎最精彩的故事与家庭有关，他探索了最初的爱——或爱的缺失——是如何塑造我们的。家庭在雷门的成长经历中是缺失的：十二岁时，他的养父母毫无理由地将他赶出家门，自此，他的青少年时期就一直生活在收容所里。成年后，因童年被虐待的经历，他获得了威根委员会（Wigan Council）的赔偿，并将这些社会服务卷宗资料写入他的回忆录《我的名字是为什么》(*My Name Is Why*)。写作的过程让他意识到，年少时没有被爱，反而让他在成年后收获了理解爱的能力。因此，我问他：是如何发现这个能力的？关于爱的价值，他又是如何体会的？

联结我们的纽带
与雷门·西舍的对谈

娜塔莎·伦恩：您是否已经找到理解和接受过去，并且不让未来被过去羁绊的方式？

雷门·西舍：这是每一天的功课。有些天，我觉得自己一无所有；有些天，我一觉醒来，觉得自己拥有全世界。有时，我可以放下缺失；有时，我觉得它们汹涌而来。它们变成了岩石中的岩层，我觉得自己永远没有机会穿凿。这也许对我们每一个人都是如此。

我花了很多的时间思考，我该如何克服它、绕开它、越过它或顺利穿行，这些是不是正确的对策。

过去的经历是我们的一部分，拒绝接受过往意味着拒绝接受自己。它让我更能欣赏我所缺失的。我们都有独一无二的故事，而我们似乎想让它们看起来不那么特殊，或者拒绝接受它们，以为这会让我们看起来"正常"。事实上，如果你经历了一些痛苦的事，这也没关系。对于很多人来说，这是生而为人的一部分。

娜塔莎·伦恩：一个危险的陷阱是执着于问为什么是我。这个问题是无解的，沉溺其中毫无帮助。当痛苦的遭遇发生在我们身上时，您觉得我们应该如何停止自怜呢？

雷门·西舍：哦，天哪，是的。这很难到达。我们需要同情自己，但这与执着于自怜自艾是不同的。这是噩梦的周而复始，让人难以达成和解。弄懂自我关怀和自我怜悯之间的区别，是我们可以更善待自己的一种方式。有人曾跟我说："假如你是自己的父母，你会和自己说什么？"唤醒内心最好的、充满爱意的父母，是我们都需要多做的功课。如果你能对自己充满善意，那也能对别人充满善意。我发现当我对自己不够好时，我也很难对别人好。

娜塔莎·伦恩：您曾说，您在成长中缺失了某种形式的爱——家庭之爱——这反而赋予了您懂得爱的能力。这是为何？

雷门·西舍：如果我剥夺了你的呼吸，你的心跳会加快。你的肺会扩张。你的双腿仿佛要挣脱离你而去。只有失去呼吸时，才会意识到呼吸是多么重要；而只有生病时，才知道身体多么可贵。同样地，只有经历了情感上的匮乏，我才开始理解爱的价值。举个例子，十二岁进收容所后，我就再也没有被人抚摸过。我意识到，当我还是孩子时，我的祖母经常摸摸我的脸和手，而她这样做，是因为在丈夫死后，她也不再被触碰。她能理解到它的重要性，而这并不是因为拥有，而是因为缺失。同样，由于爱的缺失，我开始意识到爱的行为高于一切。爱是身体的接触，是拿起电话，是去见对方，是说出你相信或需要说的话，是一遍又一遍地重复这些行为。爱一直要求你在行为上有回应。

娜塔莎·伦恩：很多人发现假如自己得不到某种形式的爱，就会无法向前。您是如何做到，不让得不到的爱转移注意力而忽视您已有的爱呢？

雷门·西舍：我常被问起：你为什么没有变得刻薄？对于一个缺爱的人来说——而每个人都正在或将会以某种方式失去爱——会产生消极的情绪来填补空缺：内疚、怒火、羞耻、恨意和嫉妒。而你需要为容纳爱清理空间。我需要做的是停止酗酒，它对于我而言，是一种静默的自我伤害。每个人的情况也许不同，重要的是需要问自己：对于你，是什么挡住了爱，让你回到了消极的感受中？是从不健身的你，觉得自己需要锻炼？是从不打电话给别人的你，觉得自己需要改变？如何在生活中留出空白，让爱滋长呢？如果你不这样做，爱只会偃旗息鼓。

娜塔莎·伦恩：您是何时开始觉得这很有必要的呢？

雷门·西舍：我记得一段关系结束时，我以为一切都是对方的错，因为她终结了一切。但几个月后，我意识到，她离开是对的。曾和她一起的我，让我陌生。我以为我是好人。但其实，我的表现很糟糕，我没有面对自己的问题。

她和我说："你得自己往前走了，我受够被责备了。"她是对的，没能正视自身问题时，我们会在一段关系中演绎自己的剧本，让对方成为有罪的一方。坦率地说，不管我的家庭发生了什么，归根结底说到爱和我，我才是问题的根源。不可思议的是，同时我也是对策。我是唯一能决定自己从今往后该如何生活的人。

假如你和爱最初的关系是复杂的，身处恋爱关系中，最初的感受常会被唤醒。很多人以为，我和父母的关系很糟糕，现在远离他们就不再会受到影响。其实不然，不管去哪里，最初对爱的体会都会如影随形。你永远逃脱不了。对我而言，原谅养父母就是去面对的一部分。当我原谅他们时，我开始看到他们的脆弱。之前，看到别人的脆弱时，我会感到不安。而在关系中，你需要做到这一点。

娜塔莎·伦恩：所以某种意义上，原谅他们也是一种自爱的行为？

雷门·西舍：的确如此，但必须是真正意义上的原谅。我并不知道这会让我感觉良好，只知道我需要相信自己。这是原谅所能做到的另一件事：让你信任自己。我并不是要求别人也这样做。我只是说，我可能是最让人想不到的会去原谅的人，而这样做使重担从我的肩膀上卸了下来。

娜塔莎·伦恩：我采访过很多作家，他们都认为写作是一种有爱的行为：一种被看见和建立联结的方式。您认为写诗是爱的一种形式吗？

雷门·西舍：正是如此——事实上，我的心理治疗师说，写诗是一种自爱行为，它让我有一种使命感，也可以是做陶艺、画画或跑步。创造力并不是艺术家的专利。你可以在购物习惯、客厅设计、发型设计中也找到创意。我希望有更多的人能够明白这一点，这样做，他们能够拥抱这种力量，感受到自我和爱，正如我在创造有意义的事物时所感受到的。有时，诗歌也像我的孩子。当它们面向读者时，有人也许会批评它们。但我会想，它们是我的孩子，我并不在意。我知道它们好在哪里，差在哪里，还有哪儿需要完善。诗歌也是我最亲近的朋友和家人。它们让我锚定思绪。它是我旅程山路上的一面旗帜。我会回看我在十八岁时写的诗歌，它们告诉我，我当时的所在、我的感受、我的经历，以及我是谁。诗歌替代了家庭，紧贴着我的身心，是爱的重要部分。

娜塔莎·伦恩：您是否觉得您的经历及靠自身完成的工作，使您对美化人生的微小细节更为敏感？

雷门·西舍：我所获得的礼物是：我们的经历是桥梁，而并非鸿沟，经历使我们更能理解这个世界以及它的机能障碍。我们为何会认为一切都是完美的？我们为何会认为残缺不应该是人类的一部分？为何残缺会让我们震惊？事实上，发生的好事和坏事都让我们与世界、与他人联结。

娜塔莎·伦恩：关于找到爱，哪些是您希望自己早先就能明白的？

雷门·西舍：和你对话的我，此刻身处国王十字车站。这里的每个人都有自己独特的故事。但每一个人，所有人都有一个共同点，我们都想要爱和被爱。理解到这点时，就可以与别人共情。你能理解，我们都是某种宏大事物的一部分。

*

结束和雷门的通话，挂了电话后，我在头脑中勾勒起他留给我的安静且壮观的景象。所有在国王十字车站穿梭的行人，每个人都有自己的故事、隐藏的企盼、失望和向往，但都因为想要爱和被爱而联结一体。

以这个角度看待世界，会让我们觉得不那么孤独。我们隐藏的羞耻心实则是普遍的，我们最糟糕的心碎曾被感知过，也被疗愈过，正如雷门所说，"我们的经历是桥梁，而非鸿沟"，不管它们怎样令人疼痛。

*

我发现，故事是另一种让我们感受人性共通的方式。尽管我经常埋怨童话故事让我在关系中胡思乱想，但的确也有故事让真正的爱进入了我的生活。我指的并不是关于爱的书籍，而是指一些让你更能感受到活着的文字。在文字中，你会看到自己的影子。它们似乎是为隐藏在深处的那一面的你而写，在被这些文字唤醒前，你一无所知。阅读这样的段落，我想，就是爱的一种形式。如同任何一种关系，内在的认同是理解与被理解、看见与被看见的一种形式。心理学家戈登·李文斯顿（Gordon Livingston）曾说："一段令人满意的关系，最根本的要求是，能以对方的视角看世界，能换位思考。"这是真正的写作所能实现的：让我们更能体会他人的真实处境，更有同理心。茅塞顿开，这并不经常发生。一般发生在何时呢？当我们绝望或孤单时，可以不时翻看这些段落，它们如同爱的源泉。就像你筋疲力尽，无力游泳时，被扔了一块浮板。这是我阅读伊丽莎白·斯特劳特（Elizabeth Strout）的作品，以及观看肯尼斯·罗纳根（Kenneth Lonergan）的电影时的感受。这也是我阅读莎拉·海波拉（Sarah Hepola）或与她对话时的感受。她的言语让我回到了自己内心中的安静之所，在那里，我明白什么才是真正重要的。

莎拉在她的畅销回忆录《关机：回想我借酒遗忘的事》（*Blackout: Remembering the Things I Drank to Forget*）中写了她的酗酒史，也在《沙龙》（*Salon*）、《纽约时报》、美国国家公共电台（NPR）的访谈节目"新鲜空气"（Fresh Air）和一本新书中探究对爱的寻找。她的作品提醒着我，那些没有赢得人生追求的时刻也隐藏着经验教训，这是我在对谈中试图与她深挖的点——你是否能在缺失中找到意义，在失去中找到韧性，在一个失控的人生中找到把控力？我想知道，向往浪漫关系时却求而不得，她是如何或者是否达成了和解。而这又是如何教会她更为珍视眼下的人生。尽管有成千上万的哲学家、作家和心理学家与我们分享理论，告诉我们应该更为感恩和活在当下，但这是最为简单，也是最容易忘却的教训。尤其是当我们的人生没有沿着预期的直线发展时。

未得偿所愿所带来的馈赠
与莎拉·海波拉的对谈

娜塔莎·伦恩：我一直在挣扎着求索，在没有得到想要的爱的形式时，应该如何活得完整。您是否找到了不被缺失所分神的方法？

莎拉·海波拉：我最近做了两次手术，切除了子宫中的肌瘤。过程中，我不得不问自己，如果没有遇见合适的人，我会选择自己要一个孩子吗？最终，我明白，这不是我要走的路，但我的确经历了一段觉得不公平的时光。我们很多人都会有指着别人说"他们有这些，而我却没有"的时刻。但最终一切都毫无意义，因为我知道拥有一个在我眼前展开的人生，我是何其幸运。一旦停止了抱怨，我就能够看到幸运。最终医生的诊断让我开始思考，这是我的人生，我应该怎么做？假如幸运的话，你能得到提醒：哪些可以选择，哪些不能选择。对于能拥有主动权的选择，应该如何把握呢？

娜塔莎·伦恩：我开始想，无法找到某些形式的爱让我们忧伤，与此同时，失去控制让这些时刻变得艰难。也许正因如此，未知才让我们难以忍受。如果确定某事的确会发生，或不会发生，也许一切会易于接受。关于与未知共存，您学到了什么？

莎拉·海波拉：我也觉得不确定性让人难以忍受。最近我喜欢上了一个人，很久没有这样的感觉了。当明白我们之间不会有结果时，我特别希望有人能告诉我一切该结束了，而我能放自己一马。但我也害怕放过自己，万一还有希望呢？于是，我就被夹在了两种结果之间，在某种意义上，这比坚持或放手都难。

娜塔莎·伦恩：有时，这种不确定性会让你更为渴望对方。在这种情况下，我经常想，如果关系有进展，是不是会更容易看到对方的缺点，而不是在对方缺位的情况下，给他加上滤镜？

莎拉·海波拉：的确。最近，我重新和一位名为尼克的男士取得了联系。在我三十多岁时，我以为自己将会嫁给他。我从未体验过那样的爱情，多年来我努力地想抓住它。但最后，我放手了。他娶了别人，我们只有些不咸不淡的联系。突然有一天他给我写了一封邮件说，我们有一个共同的朋友去世了，我需要去新奥尔良和他待在一起。原来，他的第二段婚姻结束了。我也的确去了。我开始做一件大部分人永远也不会做的事：我回到了我想要的过去，看到了如果我们俩在一起，会有多糟糕。他仍是一个非常讨人喜欢的家伙，但我看到了他并不会成为一个好的伴侣。直到那时，我才理解到当一个人离开你时，其实是一件多么幸运的事情。我们以为自己明白什么对自己是合适的，这是一种年轻的自大。年岁越长，我越意识到，我想要的东西与那些能满足我当时需要的东西并不必然一致。

娜塔莎·伦恩：我也有过很多次这样的感受，但也只在回头看时才意识到。当时会难以觉察。您有没有觉得，四十多岁又见到尼克时，会比三十多岁时更能理解你们的关系?

莎拉·海波拉:尼克最早吸引我的一点,是他的冷静沉稳。他从不失控,而我就像爆发的火山。当我们重新取得联系时,我才意识到,那是因为他有很强的情感隔离能力,而这在感情中将会成为一个问题。我能预见,我们之间的关系不会有结果。这对于我是件好事,很多人生活在"要是……将会怎么样"的阴影之下:如果这样发展的话,会怎样?如果他回来了,会怎样?如果他又给了我一次机会,会怎样?而我获得了理解的机会,回到了正确的轨道上。我的错误在于,我曾以为,我爱他就意味着我们的关系会永远持续,而其实这只是为期六个月的特殊经历。

娜塔莎·伦恩:这段经历是否帮助您看到,在我们没有得到爱的那些时刻,其实蕴藏着奇特的礼物?

莎拉·海波拉:的确。我相信,痛苦来自无法如实地看待事物。很显然,这对于我很难,从未失去过任何人,却要和人说这是巨大的痛苦,"你在执着于一件不属于你的东西"。而人生的真相是,我们将会面对很多痛苦。失去和伤痛比我们想要相信的更多。我们该怎样与这趟旅程取得和解,是我们真正需要弄明白的。

娜塔莎·伦恩:这个想法是否帮助您以不同的方式看待对爱的寻求?

莎拉·海波拉：我想要在四十岁出头时遇见一位伴侣，再有一个孩子，然而这一切并未发生。一部分是运气，一部分是环境，而其余的是玄学。我得到的一个教训是，虽然以往经历的大部分关系都没有发展成我想要的样子，但对于我和对方而言，当时的状态都是合理的。

我父母结婚五十年了，也许我也会有一段长久的关系，但我猜，更有可能的是，我无法栽培出那样的树木，这没有关系，因为我会培育一个更五彩斑斓的花园。我意识到，我不一定会拥有一段长久的恋爱关系，但或许会有一段段短暂的恋爱故事。与一无所获取得和解，需要一系列的自我接受。因为生活从来不会停止刁难你。有人拥有了爱情，然而却因为没能拥有第二个孩子而陷入了深深的悲伤。或者，母亲离世，无法看到他们的成年生活。我的母亲仍在世，我还未曾经历这样的失去。我有个好朋友，她有一栋美丽的房子，有先生和两个孩子的陪伴，但她人生每一个快乐的瞬间也因自己二十岁出头时母亲的离世而被蒙上阴影。她在感受到快乐的同时，也会感受到失去。某种方式上，她的失去让我看到了自己忽略的部分。比如，我有一对七十多岁的父母。这是我需要记在心上，并感恩的赐予。如果不那样，我将会损失巨大。

娜塔莎·伦恩：您现在是否会把与父母的关系视为人生中的第一个爱的故事，而年轻时不会这样看？

莎拉·海波拉：他们住在离我十分钟距离的地方，所以我对于他们的存在常觉得理所当然，而这其实是我需要时刻提醒自己的事情。作为人类，我们自身的"默认设置"是坏脾气、懒惰、自私且迟钝。

而我看到，能拥有一个有意义的良好生活的人会做大量练习来对抗这种设置，无论是通过祈祷、冥想、写感恩日记还是跑步。我们是贪婪的生物，但也拥有良知。所以对抗欲望的方式是把目光投向我们已经拥有的事物。我可以认为独居是在坐牢；也可以像今天早晨，醒来后与我美丽的猫共度时光，并觉得活在这个世界上是如此令人感激。

娜塔莎·伦恩：对我而言，阅读是一种对抗自身默认设置的方式。

莎拉·海波拉：我也是。它是一种情感上的契合，就像有人敲击了我的脊椎骨。孤单时，我会寻找能够滋养灵魂的文字。这会带你去向最好的自己，或者让你说出你无法用言语表达的感受。当突然发现别人也有同样的感受时，你会想，天哪，我并不是唯一这样想的人。这就是陷入爱中——在别人身上看到了自己，是灵魂的汇合。

娜塔莎·伦恩：您现在是否能意识到，尽管对浪漫关系仍心生向往，但也清楚它并不是快乐的永久保证？

莎拉·海波拉：我完全领悟到了这一点。有种想法是，如果有人爱我，我就可以摆脱心底不快乐的声音。其实，找到了爱自己的人之后，仍会感觉到不快乐。也许，这并不是你的问题。也许，学会容忍不快乐的小声音，也是在提醒自己还活着。

成年后，我看着朋友们结婚又离婚。就像我在排长队等待行程开始，而有人已经下车，并说道，"这趟旅行糟糕透顶"。但这让我明白，我所渴求的浪漫关系并不会让不快乐的声音消停。事实是，孑然一身是不容易的，进入一段关系是勇敢的，拥有然后失去是难以忍受的。我们所有人，在某一刻，都要学会如何心碎。

娜塔莎·伦恩：未得偿所愿，带给您的领悟是什么呢？

莎拉·海波拉：在人生中的大部分时间里，我时而觉得自己不如别人，时而觉得自己强于任何人，就这样在自卑和自负中摇摆。而没有得到想要的，则让我回到了中间位置，使我意识到自己和别人并无不同。它告诉我，我向前奔跑时，掠身而过的一切，其实是如影随形的礼物。我的人生经历，是前几代女性所无法想象的，这也让我深为感恩。一切都是机遇，而我们这一代也拥有之前女性许久以来所没有的选择和资源。我甚至不知道，你和我所被允许向往的爱，对于她们而言，是否可以公开地谈论。

娜塔莎·伦恩：这对于我们肯定是个特权，但这同样意味着，我们对爱寄予了太多期待。

莎拉·海波拉：是的，这便是为何我需要在两头纠正：我既要庆幸自己不是带着嫁妆出嫁的人，也要让自己对世界的期待实事求是。我为何变得如此不知足？对于任何事情，我是否可以少要一点点？我可以旅行，可以将写作作为事业，可以拥有不寻常和令人心醉的罗曼史。我感恩于这一切，虽然这并没有带来我所渴望的稳定的恋爱关系和家庭。在另一生，我想我是一位伟大的母亲。而这一生，我想我是一位探求者。我没有得到所有想要的，但我所得到的都非常了不起。

也许没有得到想要的,能让你看到当下拥有之物的美好。没有这些,一切将过于平坦和平淡。

娜塔莎·伦恩:我想知道,对于单身的态度,您现在是不是与年轻时不同了?有阵子,我以为单身意味着需要大量时间独处。后来,我意识到自己没必要一定这样做,仅仅是为了证明自己能够做到独处。

莎拉·海波拉:我也如此。看到有人和男朋友一起旅行时,我也开始独自旅行,心想,单身才不会阻挡我的脚步呢。我独自上路。二十五岁时,这还不错,拥抱被给予的生活,寻求探险。但一路上,我忘记了还可以与他人同行。我觉得自己被独自旅行的想法困住了,就像在轨道中,无法回到地球。我觉得,我们需要在独立自倚与作为人所想要的联结、爱与被爱之间取得平衡。

娜塔莎·伦恩:有些说法,让我觉得渴望浪漫关系是失败者的心态。现在,我觉得需要将"拥有了伴侣我才会开心"与想要陪伴区分开。因为想要被爱并不是问题,认为只能在浪漫关系中获得快乐才是问题。

莎拉·海波拉:是的。社会曾以婚姻和孩子为默认选项,而现在可以容纳不同的生活方式。这样很好。每个我认识的人,都希望以某种方式与他人相联。我现在明白了自己并不愿意孤身一人,也不必如此。我无法控制伴侣关系的模样。我想要一位恋爱伴侣,也许会实现,也许并不会实现,但不管怎样,联结对于我的人生仍至关重要,而且有很多方式可以填补空白。最有智慧的人会选择所有的联结方式。有一段时间,我的已婚或已为人母的朋友们忙于养育孩子,无法抽身,我就找到了一些单身的朋友,可以和我一起旅行。我甚至通过交友软件找到了一些很棒的男性朋友。我们分享约会中的糗事,互相给予建议,拥有他们我感到超级幸运。

娜塔莎·伦恩:关于找到爱,哪些是您希望自己早先就能明白的?

*莎拉·海波拉:*伴侣的爱至关重要,是一种能带给人变化的体验,但只是很多类似体验中的一种。我在宽广的世界里寻找一个人来爱我,却忽视了人生中最重要的爱,生育我的父母非常爱我,而我从未开口要过他们的爱。人生的一个小窍门是要对已拥有的事物报有感恩之心。唉,如果人从一开始就可以拥有一颗感恩之心,我想不到还有什么对于我的人生和成长是更好的事情。我知道也有其他人缺少父母的爱,我不知道如何为之怀有一颗感恩之心。我想对于爱的寻找,正如我的人生和工作大部分时间在做的事,也是在学会看到我已拥有的事物。

*

如果我们足够幸运拥有爱我们的父母,为何没有更多的人形容至亲关系是我们人生中最重要的爱呢?我想,很多人认为家庭关系是理所当然的。路过文具店时看见的母亲节卡片提醒着我为成为母亲而奋斗的经历,而不是因为母亲健在而倍感幸运。我曾经浪费了与父母共度的聚餐时光，在桌面下刷看手机，查看一位其实并不那么在意我的男士是否给我回复信息，而忽略了我最在意的人其实正坐在对面。

除了提醒我不要忽略这种最基本的爱的形式外，与莎拉的对话也让我开始思考哪些是我们可以选择的，哪些是无法选择的，几乎没有人可以在想要的时刻得到所有。我想她的答案在鼓励我们追问：给我们的人生添加快乐的人是谁？电话那头是谁的声音让我们坚持信念？当我们已经遗忘我们自身所拥有的最好品质，是谁的陪伴提醒着它们？在我们即将落泪时，是谁让我们开怀？然而，我们又该如何珍惜他们？当然，这是我们每一天都在面对的重要选择。

向外看

"我的人生缺少爱,这并不是事实,而是想象力的匮乏,以及对这个字的狭义使用。"

克里斯塔·蒂皮特(Krista Tippett),《变得智慧》(*Becoming Wise*)

去年,当我准备上班时,接到了母亲的电话。我已经快迟到了。她喋喋不休地说着下周的计划——她的普拉提课、想邀请聚餐的朋友们、斟酌的食谱。我心不在焉地问了几个简短的问题,一只手拿着电话,另一只手在抽屉里寻找另一只匹配的袜子。一开始,某种熟悉的感觉在内心涌起,掺杂了心烦意乱、受挫和压力,提醒着自己没有时间煲电话粥。但第二种感觉紧接而来,我突然意识到这通电话是种转瞬即逝的美好——仅是因为几天前我采访了一位失去母亲的女性,她说自己最怀念的就是与母亲分享彼此生活中微小的、貌似无意义的小细节。诸如,《夜视镜盒》(*Gogglebox*)中哪一位明星是她母亲的最爱,家中花园里哪些植物开花了,又或者,接招合唱团(Take That)里哪一位成员最帅。因为这段访谈,我坐在床边,开始用心倾听我母亲的声音:她把普拉提简短地说成"拉提";每次向我介绍食谱时,她都会说"我告诉你一个诀窍"。与其等待合适的时间打断母亲,我不如将这段对话存进我的记忆中。"你用什么做布丁呢?"我问道。既然已经迟到了,再多五分钟又有何妨?我希望母亲继续聊下去,一直在电话的另一头,和我更新电视剧《邻居》(Neighbours)中卡尔和苏珊的婚姻状态,或者问我今年圣诞节将邀请哪些客人,尽管当时才二月。

我们是否注意到这些不易察觉的爱的机会存在于我们的日常生活中?我想更多的时候,我们忽视了它们,正如我差点儿要做的那样。不应该由一个"失去母亲的故事"提醒我去珍惜与母亲在周二清晨的通话,然而我发现生活中很少有顿悟时刻让我们自动改变习惯。即便吸取了教训,我们也可能会忘记,再学习一遍。即使我们意识到错误,也会再犯几次,才能完全摆脱这个模式。这是我学会以及仍然在学的方式——有意义的人生建立在爱的多种形式之上。不是一个地震式的转折点,而是一系列小提醒,将我慢慢地推近真相,就像大海中一艘迷失的小船突然被风纠正航向。

我曾以为爱是我和母亲在通电话时的感受,交织着我对她的感受以及她对我的感受。而现在,我理解了爱是用行动改变对此刻的应对方式,它同时存在于有意识关注当下的意愿和选择中。当你以这种方式理解爱——一种行动,并非一种感受——就会更容易明白为何将一种爱的缺失视为满盘皆输是无益的。我发现最能精准形容这一错误的是心理分析学家和哲学家艾瑞克·弗洛姆(Erich Fromm),他将此比作"一个想要绘画的人没有选择学习艺术,而是声称自己要等待完美对象的出现,只有发现了这个对象,他才能画出精品"。他定义爱是"一种产生爱的力量"。这无关绘画的对象,而是学习绘画的过程。并非从远处欣赏花朵,而是精心栽培它使其饶有生机的行为;是一种"态度",一种"心灵的力量",或"决定了一个人与整体世界相关性的角色定位"。

你如何积极地对他人和世界施以爱的行为,而不会因自己缺失某种爱而茫然无措?我想,你需要往深处了解自己,直到发现人生的目标,而这个目标让你兴奋不已。你转移之前用于渴望的力气,将其用于向深处寻找已拥有的爱,它们藏在你的眼皮底下,你找到它并使其生长。这并不意味着要假装你并不想遇见一位伴侣,拥有一个孩子,结交新的朋友,或找到任何一种你在寻找的爱;这意味着要勇于期待想要的,但也要拥有足够的智慧,去明白生活并不只有一种爱,而是有很多种。它意味着与伴侣建立爱巢——如果你想要伴侣的话——它也存在于有目的的孤独中,存在于创建一个别人与之相连的事物中,存在于陌生人有爱的话语中、友谊中、家庭中,存在于时而明亮时而阴沉、永恒的天空中,存在于你整个人生中。它也意味着,要理解所有爱的形式都不是被赠予或伸手索取的;它们是经由学习获得或努力赢得的。

三十岁似乎是人生中的一个里程碑,那年生日时,我也收到了关于此的另一个提醒。我一直希望能有一个可以带着去聚会的男朋友。至少,是个约会对象。对于这个生日,我明白在多年的耐心等待后爱情并不会主动选择我。我需要满怀希望,努力为它创造机会。最终,我下载了一个交友软件,在日记里记满了周三夜晚的约会安排,并坚信我坦率的热忱会有所回报。我还在生日邀请清单上留了空缺,以备不时之需。

在派对那一天,我仍然没有约会对象,也没有男朋友(这是我们在寻找爱情时会遇到的问题:有时你付出了努力并怀有希望,却依然一无所获。所以,要理解这并非反映了你的为人,就像给你的性格打了低分。不论如何努力，也还需要一点运气）。

　　出乎意料地，这个特别的生日之夜竟然充满了浪漫的氛围。朋友和家人唱歌、欢笑、跳舞，他们在一个巨幅硬纸板上写下生日快乐的祝福，这个硬纸板剪裁成我幼童时的样子，我父母把它做成了真人大小。当我望向他们时，我在母亲宽广的心胸中，在父亲慈爱的善意中，在哥哥深沉的理解中看到了爱。爱同样存在于友情中：在一位朋友的体恤中，在另一位朋友的信念里。爱存在于我与同事和新闻学院的朋友们交流的全新体验中，我开创了一份事业，它是第一份对我而言意义非凡的工作。爱存在于我与大学室友分享的往事中，她们的拥抱仍有家的感觉。看着大家并肩而坐，他们见证过每一个我——而我也见证过他们的种种——这提醒我，我们为彼此的一小块心灵和一小点快乐负责。这个夜晚不仅让我明白生活充满了各种形式的爱，也让我意识到爱的能力存在于我们每个人中，我们的任务是去挖掘它。我不应该等待，而应该去选择。对于已经在我生命中出现的人，我应该有所觉察、给予倾听、更好地关注。我那时意识到，对爱的寻找让我遗忘了自己真正想要寻找的东西。与其问："我会找到爱吗？"我应该提出一个更好的问题："我要怎样才能更好地去爱？"寻找爱的第一步是向内看。第二步是练习向外看。

　　内观之旅仍意义重大，当你无法理解或珍视自己时，会更难以爱他人。这也让我意识到，我从未真正爱过我在二十多岁时约会过并且将他们理想化的男性们。我从未投入精力帮助他们成长，或看到对方的全貌，我更在意自己在对方眼中的样子。这是一种植根于自我的半心半意的爱。我决定放弃它。

我现在相信，寻找任何一种爱，都是一种持续地向内和向外审视的过程。向内看是为了理解自己，对自己的需要、欲望、天赋和缺点存有好奇心，变得慷慨，对自己慈悲。向外看是用前者给予的力量去爱他人，爱你所拥有的生活。我学到的是，你无法找到爱，而是通过理解你是更广袤事物的一部分去创造爱。你是一点小色彩，对于宏大的生命图景必不可缺。

二 如何维系爱？

人类的亲密故事让我们持续地用崭新、折裂的光芒去看我们最爱的人。用力看。去冒险。

——谢莉尔·斯瑞德（Cheryl Strayed），《美丽的小事》(*Tiny Beautiful Things*)

蜜月期

"我们就是宝藏本身：在这个我们创造、再创造的世界里，深不可测。"

丹妮·夏彼洛（Dani Shapiro），《沙漏》（Hourglass）

人生很少有完美无瑕的夜晚，我和丹第一次亲吻的夜晚算是一个。在凉爽的夏日夜空下，我们嚼着薯片，喝着尼克罗尼酒，树上挂着彩灯。后来，我们站在卡农贝利一家餐厅门外的人行道上，丹说道："现在，我要亲你了。"这听起来有些奇怪，然而并不。多年以来，我接受了网友约会通常是无趣的这一事实，且事后令人扫兴。但是那时，我们俩在那儿。两个不那么陌生的人在人行道上亲吻。

而当时我们并不知道，四年后，在同样的地点我们会坐在出租车的后座上。我们会结婚。我们会疲倦。我们会手拉手坐在丰田普锐斯的后座上，车子将我们从伦敦大学学院附属医院接回家，在那里医生从我的子宫中取出了十周大的胎儿，那时我们已经为他（她）起好了名字。手术带来疼痛，每次车子有些颠簸或急转弯时，我疼得龇牙咧嘴。丹抓着我的手，什么也没说，因为没什么好说的。车在红绿灯前停下，一旁的人行道正是我们第一次亲吻的地方。我看向窗外，这时广播中正在放着外国佬（Foreigner）的《爱的真谛》（*I Want to Know What Love Is*）。我记得曾经的我俩，充满活力、咯咯傻笑，不愿结束约会。而现在的我俩，泄气又沉默，希望早点到达目的地。我们本来在第二天打算飞去毛里求斯度蜜月，然而医生说我俩不应该旅行。我需要先做个手术，取出孩子。

当我们筹划毛里求斯的旅行时，我想——除了为一个昂贵的假期寻找一个借口——这个蜜月也是我们庆祝彼此承诺的一个机会。直到后来，我才发现，honeymoon（蜜月）这个词源自古英语（hony moone），并且很可能有着更为苦涩的含义。"Hony"这个词指的是新婚夫妻经历的无限期的幸福与甜美。而"Moone"的意思是，甜蜜不可避免会消退，正如月相。在我们被迫取消了蜜月旅行后，似乎加速进入了更黯淡、更棘手的共同生活。那些温柔的、轻松的时光是否已溜走，就像月相的转瞬即逝？

我想说的是：在一段长期恋爱关系中，我还是一个初学者，比起流产后努力怀孕，还会有更大的考验。但从医院坐出租车回家后的那一年，我开始反思当人生不按计划出牌时，我该学会怎样维系爱？一段关系并不是你可以进修并完成的课程。它是你每天需要做的决定，从而与另一个人建立有意义的关系。这样做，需要你明白和理解自己和对方，也需要努力和信念，相信不管生活从你身上夺走了什么，你们都能安然度过，相信当生活要将你们拆散，你们也能找到重返彼此的路。我曾以为自己明白这点。当生活从我身上——我们身上——剥夺了一些时，我一时间就忘记了全部。我忙于回头看自己所失去的，也在向前张望自己无法用意念实现的梦想：怀孕。似乎，我的人生是一幅画，而我所失去的是边框；我所做的一切被我无法拥有的阴影所框限。

又过了六个月，六次例假，六次心碎（当你在努力尝试怀孕并失败时，例假就变成了——每个月让人心碎的信号，像生鸡蛋摔在地上，变得粉碎）。

所有我们热衷一起完成的事情，又被笼罩在失去的阴影中。周六清晨，我们在楼上邻居家小婴儿的哭声中醒来。我们在五点的金色阳光中步行于克利索尔德公园，四下皆是推着婴儿车路过我俩的夫妇，有个小女孩骑着带有湖蓝色车筐的自行车，喊道："爸爸，看我！"即使我们参加朋友家没有孩子的聚餐，也有人会演奏外国佬乐队的那首歌。丹是否也和我一样，回想起了那辆丰田普锐斯？我没有问他，如果他没有的话，我不愿意让他想起。第一次在我们的关系中，有了无法说出口的话。

又过了三个月。朋友中有六人怀孕了。三名婴儿出生了，两个女孩，一个男孩。而我仍在手机的笔记里保留着未使用的宝宝名字。我无法向丹解释，每个月无法受孕的伤痛会与流产交织在一起，因为我自己也无法理解。我也无法向任何人解释为何如此短暂的时间——尤其在生育的世界——会让人觉得漫长得令人痛苦。痛苦似乎一直在我体内，就像我无法关闭的音乐声。

每个月，当我不得不说"没有！没怀孕"时，我会回想起丹眼里的喜悦，那时我们正听着屏幕上子宫里宝宝的心跳声。这种神情，我之前或之后再也没有看到过，如此纯粹和单纯。我讨厌传递令我们彼此失望的信息。

多年以来，我们一直分享着彼此生活的细枝末节，所以备孕路上有一些只有我自己知晓的痛楚让人觉得怪异。我希望丹知道，我一直在办公室的洗手间里焦虑地查看内裤，希望不会出现宣告受孕失败的血渍。我希望丹能够知晓，在我被注射了麻醉剂回到病房后，对床的女士在默默地哭泣，她有着我所见过的最哀伤的脸庞，某些夜晚，我仍会时不时地想起。我希望他知道，每个月我会在淋浴时检查自己的身体（乳头变黑了？胸部变大？腹部膨胀？），把它们放在一起琢磨，并去做一个不可能的决定：是否要冒险告诉丹我有希望。我希望他能知晓一切——但我不愿和他说这些。

此时，我读到了关系指导师苏珊·奎利姆（Susan Quilliam）的一句话："因为缺乏自省和理解，爱常常走上歧途。"她建议，为了成为一名好的伴侣，你要明白自己的需求、恐惧，以及伪装成其他情绪的不安全感。要做到这一步，我首先要弄明白，哪些是我不愿意向自己承认的。我俩处境中生理上的不平等、我的身体要经历手术而丹不需要，这些事实让我沮丧。但在我的恼怒之下，其实藏着羞耻感，认为流产及之后受孕的艰难都是我的错误。我俩的检查结果显示丹的精子是健康的，但由于手术后的并发症，我有一个输卵管堵住了，医生建议我在体外受精前再做一次手术。听到这个消息后，我觉得我的身体让我俩都失望了。

每当看到丹抱着孩子，或者让一个小朋友咯咯笑，我的羞愧感都会加重。丹身上第一个会让人注意到的特点是，孩子们都会被他吸引。丹是一名小学教师。当朋友们都坐着时，他会向朋友的孩子们展示如何走太空步。他会把装进画框里的字条拿回家，上面写道："丹，你是我最爱的老师。我会想念你。爱丽丝致。"每一个字母用不同颜色的蜡笔写着。每次，当我看到他能轻而易举地与孩子们混熟，看到他们带给彼此的欢乐,我会很痛苦地想到是我剥夺了丹成为父亲的机会。他的性格、他的本性只是加深了我的失败感。有时,我在他的脸上,看到了我俩的失败注视着我,而我并不想再往里看。

让沉默不断累加,原本更为容易,但一天夜晚,吃比萨时,我将一切都告诉了丹,包括担心怀孕遇到的最差情况对我们的夫妻关系可能会有影响。经过这些未知的凶险,我们的关系能否幸存:一次次的试管可能会失败,我们需要放弃越来越多的自己吗?他握着我的手,回应道:"即使我们没有成功怀孕,也能挺过这些。"

尽管能看懂自己的脆弱,并且分享它对于我来说是一个转折点,但我意识到丹并不能替我承担我自己的渴求。如果我要求的话,他也会分担,但这不是我想要的答案。某种程度上,我们必须自己承担自己的悲伤,我是唯一能原谅自己的身体并与其和平共处的人。我开始为自己的感受负责。然后我们决定开始自己的旅行,彼此陪伴。

我也可以简单地撒个谎,说自己学会了将悲伤的音量调低。而它依旧每天都在,像一个安静的调子,提醒着我无法拥有的生活,我们也不确定未来是否能够拥有。每个工作日清晨,路过莱斯特广场地铁站的"丢失儿童认领角"时我能听到它。夜晚,当我打开奈飞(Netflix)的时候,看到屏幕上的三个图标:丹、娜塔莎、孩子们时,我能听到它。度假时,有位向游客售卖串珠手镯的男士向我走来,问我们结婚了吗。"是的。"我们回答。"有孩子?"我们摇头,这个问题被如此轻易地抛出,而这个小小的字眼有可能掩盖着巨大的伤痕。这些时候,我心中悲伤的音量更大了。

而我学会的,不是让悲伤变得无声无息,而是要更加专注于生活。因为爱很少只是清新简单的故事:会有在人行道上熠熠发光的吻，也会有心痛且漫长的出租车之旅；会有高潮，也会有腹泻；会有升职，也会有欠债；会有棘手的亲属，会有可爱的陌生人，会有幽闭、庸常的日子。我们需要找到与所爱之人联结的方式——并理解我们自己——通过所有的一切。我们需要一遍又一遍重建自己所珍视的关系，即使我们的内心或自我受伤了（也许那时更应如此）。

我花了一年时间才意识到，我们的蜜月并不是一个取消了去毛里求斯豪华酒店的假期，而是十二个月在一起的尝试和努力。这将永远是我们被夺走一个生命，而也未能创造出另一个新生命的一年。但在生活的洞穴底部，我们挖到了别的。它并不像开头时那样闪耀和轻盈。完全不。我们拥有的是来之不易的亲密关系。在我们共同的经历中，在没有孩子填补的空白空间里，诞生了温柔的爱。当然，说实话，我们再也不是第一次接吻时那两个无忧无虑的人。但那一幕仍然停留在我们内心的某处，与许多幕一起。现在，有这么多的自己要去发现，有这么多面的对方要去了解。这是怎样的一个挑战——又是怎样的一个礼物！

为了庆祝一周年的结婚纪念日，第二个夏天我们飞去了意大利普利亚。这个假期中，我开始想，是否能和夜空中的星辰一样，若以一年的黑暗处境为背景，我们人生中美好的部分就可以变得更为醒目。我曾幻想，如果我们怀抱六个月大的孩子，正如我们之前预期的那样，假期又将会怎样。但我也理解，如果我们的人生不是这个样子，那我眼前温存的喜悦也将不可得到。我注意着，并将这些时刻在我的脑海中存下——丹在海里游泳的清晨，我大喊"浪来了"，有个浪从后向他扑来，他听到只是摇摇手，我大笑，因为这很傻。那天午餐我们喝了很多酒，下午回到了凉爽的有空调的卧室小憩，半睡半醒间，我们牵着手，抹着防晒霜的身体黏糊糊的，他的心脏靠着我的背跳动。我意识到，不管谁想出了"hony moone"这个词，他都说错了。随着时间的推移，爱的温存并不会变得衰退——它会加深。这些飞逝的部分，是时光的袖珍口袋，我们必须倾注全力去关注。

在我写下这些内容的前一天，我的朋友海伦娜给我寄了一张明信片，明信片上有一幅画，名为 *Ad Astra*（抵达星辰）。当我在词典中查找含义时，发现它可能包含"通过艰难险阻到达星辰"的意思，这句话的出处被认为是"从地球到星辰无坦途"（There is no easy way from the Earth to the stars）。当我把明信片用蓝丁胶贴在书桌上的墙面时，丹走了进来。我们聊了几分钟，丹接着说道："我在想，如果我们能有一个女孩的话，她的中间名字会是……"他说的这个名字，原本是给失去的那个孩子的，我不会在书中写出来，因为这是我和丹的故事。这时，我才明白，尽管那一年，我时常觉得孤独，但我从未真正如此。

*

结婚第一年，当我们庆祝年末时，我看待爱的视角也不同了。温暖的感觉在我的胸口扩散开来，成为更深沉、更深不可测的存在。我们的关系也焕然一新：它是独立于我们的鲜活存在，而我俩约定好，要让它好好活着。现在，它在我眼中就像一株植物——我们不能一劳永逸地浇满一整瓶水，并希望它能一直活着。我们需要经常轮流浇灌，以滋养它的根部。生长时，它会改变样貌。如果忽视太久，爱会枯萎和凋零。

那么下一个问题是，我们需要做什么来维系爱呢？那一年，关于如何在痛苦中回到伴侣身边,我有了一点心得。但是在人生起起落落之间的那些无聊、忙碌的日子呢?当生活中的其他部分(工作、健康、金钱)需要更多的注意力时,我们如何尽最大努力爱朋友、手足、孩子和伴侣——以及我们自己?构建一个良好的人际关系涉及很多人,远不止两人。正如阿依莎·马利克之前告诉我的,我们需要不同的人出现在我们的生活中,让我们看到多面的自己。当我们谈论如何改善伴侣关系时,我们也需要聊一聊,尝试爱生命中所有人所需要的努力及其必然的复杂性。

我用了"维系"这个词,因为它意味着力量和支持,同时也意味着忍受。一开始,我觉得它太负面,无法用来形容任何一种可爱的关系。但当我开始与人们谈论起长期的爱所面对的挑战时——变化、臆断、自满、时间、对失去的恐惧——我看到很少的关系,即便有的话,也能够完全逃过挣扎。一起在关系中跌跌撞撞,原谅彼此的纰漏,再尝试,周而复始——爱因此成长。而我们也在爱中成长。本书的这一部分想要探索这个过程,而我想在开篇一窥爱情的真相。

*

我曾嫉妒一见钟情的情侣们,因为丹和我并非如此。我们用了至少几个月的时间去了解彼此,又花了好几个月来确认关系。我们都有戒备,也都有所保留。也许,我们都有些害怕。因此,最初几个月的约会就像在努力吹起瘪着的气球,我们的恋爱故事与成长中理想化的模式完全不同,我之前以为吸引力是瞬间和突然发生的。然而,它却成了我所遇到过的最浪漫的关系:这是一个慢热的爱情故事,尽管它开始于交友软件,完全不浪漫,但也经历了诸多心酸。它让我明白,了解对方的全貌而并非幻想对方的样子，才是美好的。就像任何有意义的事物一样，真爱是安静而坚定的，也是靠努力赢得的。而那是何种努力呢？我向作家罗克珊·盖伊（Roxane Gay）求教，希望通过重新定义爱情的真实含义，确保我们不会与其失之交臂。

罗克珊是一位散文家、教授、专栏作家、畅销书《坏女性主义》(*Bad Feminist*)、《饥饿》(*Hunger*)和《困境中的女人》(*Difficult Women*)的作者。她也是一位浪漫的人，长期以来对"爱"的概念饶有兴致。在《卫报》上读了一篇她写的关于情人节的文章后，我决定采访她，在文章中，她写道："我为关系编织了绮丽的故事——这些故事让我相信我和情人共同经历的似乎就是爱。我想说，'我爱你'这几个字似乎很流行，似乎它们能让对方真正回应这些感情。"结合自己的年龄和经验阅读了这样的文字，便能得知我们最智慧的知识分子和作家中的一员也会掉入将不切实际的爱理想化的陷阱中，就像我一样，这一点令人安心。罗克珊学会了识别爱的观念和现实之间的区别。我想知道她是怎样学到这一课的，她与作家和播客主持人黛比·米尔曼（Debbie Millman）之间的爱情是怎样的。在我们交谈时，她俩订婚了，并于2020年结婚。

重新定义爱情
与罗克珊·盖伊的对谈

娜塔莎·伦恩：您在年轻时对于爱的想法与现在对于真爱的理解，有什么区别吗？

罗克珊·盖伊：最主要的区别是，我现在明白了关于爱的很多神话，只是神话。成长中，我看了很多浪漫的喜剧和戏剧，它们让你对爱能有个大体的了解，然而却不一定真实。现在，比起我们在故事中看到新鲜爱情的电光石火，我对于日渐深厚的爱情更有兴趣。

每一个个体与爱的关系都不相同。有时，它很好；有时，并非如此。新鲜的爱情总是令人兴奋，但在新鲜劲儿过去之后，感情中所发生的事情于我而言才是更为美好的。这是一种生长的状态，包含着耐心、幽默感，你会对对方大动肝火，然后却仍爱着他（她）。随着年龄变大，自己也身处于一段运行良好的关系中，我现在能够欣赏这样的状态。它让我知道，对于一大早你还没有刷牙就能陪伴在你身边的人，你仍可以有火花、激情和浪漫。

现在，在爱对方中，我找到了欢乐，正如我也享受着被爱。关于真正被爱意味着什么，以及如何回应爱，我们谈论得并不多。

娜塔莎·伦恩：那么，被爱对您而言意味着什么呢？

罗克珊·盖伊：一直感受到被关怀，被真正看到，被真正接受——好的、坏的——被严格要求。我喜欢爱人对我有所期待，而我总是努力达到期待。当爱人说出当下的感受时，相信他们，而不是试图将他们拽出。你需要像他们自己一样，接受他们的感受，即便他们看待事物的方式与你截然不同。

对我而言，长期感情最美妙的部分是要理解对方在你生命中已不可或缺。没有她，我的生命将毫无意义，而我对于她也是必要的存在，正如她对于我一样。还有——听上去理所应当，但非常重要——我们每天让彼此欢笑。享受彼此的陪伴是爱非常重要的一部分。我将父母视为模范：他们结婚四十七年了，仍有欢声笑语，仍约会。即便斗嘴时，他们也是朋友。他们的关系肯定也有好有坏，但一天结束时，他们喜爱和尊重对方。这是不变的。

娜塔莎·伦恩：与年轻时您的幻想相比，爱情的真相是否有让您感到惊讶的地方？

罗克珊·盖伊：最让人惊讶的地方是，当你找到了对的人，相处并不需要花太多气力。人们常说："哦，爱需要做很多功课。"但我发现，这种付出不像是功课——只是轻松的保持。我欣慰的是，而且也是没有预想到的，在好的关系中，爱一个人可以很容易。当然，我们都有过不那么喜欢对方的时候，但在好的关系中，这种感受是临时的。并不影响你仍爱他们的事实。现在，无论我与爱人何时发生分歧，持续时间并不长，因为我们意识到了沉默、相处不好的不舒服感比一起解决现实问题更令人苦恼。

娜塔莎·伦恩：您能做到这点，是不是因为年龄大了，以及从过去的关系中学到了一课？还只是因为这段关系行得通？

罗克珊·盖伊：我们都在彼此生命中对的时间遇见，所以这段关系运行良好。我们都足够成熟。我们各自都在经历心理治疗，当我遇见对方时，我已经准备好了进入一段优质的关系中，成为一个优质的伴侣。但我觉得，也是因为这是对的人，非常耐心，有很好的幽默感。我们在一起之前，对方就知道我——因为读过我的回忆录——这意味着对方至少了解某一个版本的我。这弥合了我们之间很大的潜在距离。诚实地说，很大的一部分是运气。我们很幸运。

我曾经从不相信灵魂伴侣。现在我觉得，我的未婚妻就是我的灵魂伴侣。我感觉自己已经认识对方一百多年了，然而每天仍有更多可以去了解的地方。我爱这种可能性，未知存在于熟悉中。

娜塔莎·伦恩：您为何决定要结婚？

罗克珊·盖伊：承诺很重要。你需要那张纸吗？不一定，但我的确认为婚姻比它意味更多。把婚姻降格为只是"一张纸"是一种奇怪的反应。于我而言，婚姻是指："是的，我们已经彼此承诺。但现在，我们将在朋友、家人面前宣誓，他们将见证我们对誓言负责。我们也需要让彼此为誓言负责。无论发生什么，我们都会在一起。我们将坚持到底。当一切变得艰难或吓人时，我们不会逃跑，而是去看对方身上最好的一面：今日如此，明日如此，二十年后也如此。"你愿意与某人携手尝试吗？用心尝试，使其实现？那是一件非常性感和可爱的事情。有时行不通，但这没什么不对的。和一个人结婚意味着你要放手一搏。

娜塔莎·伦恩：决定结婚时，您也在向前看并且知道，维持一段长期的关系会碰到很多挑战。您觉得最大的挑战是什么呢？

罗克珊·盖伊：最大的挑战是要明白，新的关系并不总是更好。人都容易分心，会想，哦，看那个性感的人；我想要那样的；或者，这个人脑子很有趣。你这时想和对方调情，而不是结识友谊，相比稳定的关系，人总是对新鲜的关系更感兴趣。而我学到的是，如果坦率敞开，你肯定也能在一段旧的关系中找到新鲜感。坦诚地说，这是沐浴爱河时最令人激动的事情之一。我可以肯定地告诉你，我并不想结识新欢。我年龄已大，经历够了。关于别人的种种新奇古怪之处，我已经受够了。我只想要自己了解的怪癖！

娜塔莎·伦恩：婚姻之外，您拥有丰富的生活——不管是工作、友谊，还是自我发展。这些有没有帮助您巩固婚姻关系呢？

罗克珊·盖伊：哦，毫无疑问。这是我第一次真正身处一段关系之中，而并不期待其成为我的全部，或满足我所有的情感需求。我有一份不错的职业，有好友、家人。若伴侣可以作为他们的补充，融入其中，那会让我很欣喜。但因为我独立于关系，仍拥有一个丰富的生活，那么我的伴侣不需要搞定一切，或成为我的全部。

娜塔莎·伦恩：我们既可以通过独处了解自身，也可以在关系中做到这一点。在关系中，您对自己有了哪些了解呢？

罗克珊·盖伊：我了解了自己爱的能力，我想要什么，不想要什么；明白了向他人敞开自身的局限、欲望和能力也无妨。是的，关系肯定是一段自我成长以及共同成长的经历。我仍在成长中，仍在试图精准表达出我的需求。认知上，我明白这段关系是可以袒露自身的安全空间，对自己想要和需要什么，可以和盘托出。而我的伴侣常常需要努力让我把它们倒出来。我知道，这并不让人开心，但伴侣非常愿意这样做，希望我迟早能成为一个无须让对方费力的人。相信自己值得被爱，对我而言，是一项持续的功课。每一天，我都在努力相信自己值得被爱，而在那些我无法相信这一点的日子里，我试着对自己不过于苛责。之所以能做到，是因为我相信我们的爱是稳定的。我知道无论我是否相信自己值得被爱，我的伴侣都会爱我。

娜塔莎·伦恩：您形容自己是个浪漫派。对于建立一段长期关系而言，这一点是障碍还是帮助呢？

罗克珊·盖伊：如果爱是真切的，那么浪漫的作用将会是积极的。但不要为了浪漫而浪漫。我喜欢为我的伴侣，以及和我的伴侣一起做浪漫的事。伴侣也几乎每天都在制造一点小浪漫，比方说会在便利贴上为我留下文字或者爱心。某一天，它们出现在我的行李箱中；另一天，它们出现在牙刷抽屉里。上面的甜蜜语句总令我惊喜不已。我们常以为浪漫是指玫瑰满屋，而有时它仅是一张便利贴，有时浪漫是接爱人下班的小举动，并把他们带去一个特别的地方舒缓身心，有时浪漫是在爱人返家前，清理完家中的垃圾。浪漫是找到一种方式向对方展示，她（他）被珍视。

我是个浪漫的人，也许是因为我不希望自己的举动被当作理所应当，而我也不希望我的伴侣会有这种感受。一段关系进展到某个时刻，不可避免地，你们中某一方会把对方视为理所当然。事情就是这样的。当它发生时，我希望自己能觉察到它的不对劲，而非熟视无睹。

娜塔莎·伦恩：关于爱，哪些是您希望自己早先就能明白的？

罗克珊·盖伊：真切、坚实的爱可以承受住困难。可以经受住你作为人类的种种问题，经受住你的缺陷、你的郁郁寡欢，经受住你对伴侣的不满。我希望自己事先可以知道，即便你无法安静、无法完美，爱也并不会消失。

*

罗克珊并不是我采访过的第一个对真爱所带来的抚慰表示惊讶的人。记者克里斯蒂娜·帕特森（Christina Patterson）说："我希望自己早该明白爱不同于爬珠穆朗玛峰。"艾瑞尔·利维（Ariel Levy）对我说："我一直以为爱是焦虑、痛苦和复杂的，是一种战斗。我希望自己能早些明白爱是轻松的。"她们的答案让我想起，在我的舅姥爷肯的葬礼上，有一句话形容他的婚姻："肯和安妮特非常幸运，从他们相遇的那一刻起就一直沐浴在爱河中，肯说这是他做过的最轻而易举的事。"读到这些话，我首先想到的是，在我的认知中，爱需要持之以恒的功课和更新，而这些话与其矛盾。现在我意识到，这些话想要表达的是，尽管在一段关系中你需要付出努力，但你无须说服对方爱上你。对方或爱你，或不爱你。爱和被爱应该是自如的。

正如罗克珊所说，有时甚至为关系付出的"努力"也并不让人觉得苦哈哈——事实上，仅是一种轻松的保持。我们做着一系列日常决定，不怠慢所爱之人。对于罗克珊，爱是一张便利贴。对我的朋友莎拉，爱是丈夫帮她在牙刷上挤上牙膏，当她走进洗手间时，一切准备就绪，在洗脸池边等待着她。对于你，爱可以是某人无缘由地从报刊亭给你带来最爱的巧克力棒，或把你留在晾衣架上一周的干净内衣折叠收放好。现在的我觉得这些小举动并不仅仅是在维系关系，还是一种浪漫。每一天，这些小小的细节都在说着，"我爱你"。

*

与罗克珊的对话给了我两个启发。第一，当伴侣的感受与你不同时，要接受和相信对方，而不是试图说教。第二，仍然可以在一段长期关系中发现新意。

我想知道如何在共度几十年后，仍能从经验中不断学习，而不仅仅是在婚姻或关系的早期。多年后,仍在关系中期待新意是现实的吗？共度半生的伴侣发生了改变，或表达的感受与你迥然不同，你会作何感想？我在关系中仅有六年经验，还无法回答这些问题。因此，我与自己最爱的作家之一——漫画回忆录《相谈甚欢》（*Good Talk*）的插画师和作者米拉·雅各布（Mira Jacob）交谈，聊一聊她在二十多年的婚姻中学到了哪些让爱持续的方法。米拉和她的丈夫结婚二十多年，他俩与十二岁的儿子一起住在布鲁克林。

开心的是，与米拉愉快的对谈让我相信，了解一个人是一则永不完结的故事：即便认识伴侣多年，他（她）对你而言仍可能是一个谜团。接受这一点，而不是抗拒它，可以让你一遍又一遍地爱上对方。她帮助我看到，长期的爱中也包含了我以为只在关系早期才有的神秘、性爱，甚至是浪漫。假如你给予足够的关注就能发现。

所爱之人不可知的侧面
与米拉·雅各布的对谈

娜塔莎·伦恩：您在《时尚》（*Vogue*）中写到当与先生坠入爱河时，您无法"跨越恋爱中脆弱的部分"。为何您觉得那一部分如此艰难呢？

米拉·雅各布：我们学着把自己支离破碎的一面隐藏起来，避免显得没有吸引力。我一直认为，每个人都会把不堪的一面仅留给自己，而其他人都看不见。而伴侣可以多次，并以不同方式戳穿我的伪装，意识到这一点令人谦卑。我可以假装自己拥有一切，但当我最颓败的时候，他仍是我求救的对象。

娜塔莎·伦恩：在一起多年后，关于怎样让爱存续，您学到了什么呢？

米拉·雅各布：没有一段婚姻是完美的，但如果你能够谅解伴随两人试图生活在一起而来的磕碰，婚姻则可以走得很远。努力去爱彼此时，我们会有一些笨拙的举动——它们并不都是让人愉悦的，有些是伤人的——但在婚姻里，一路上傻里傻气、搞砸的事，也被给予了很多原谅。我们互相体谅，也将继续如此。

娜塔莎·伦恩：有时，人们认为长期的爱是一种令人惬意的陪伴。我在这段关系中只有六年的经验，但我的想法与之相反：随着时间的推移，深沉的浪漫将变得更为浓稠。您也认同吗？二十多年的相处，是否让您觉得浪漫别有深意？

米拉·雅各布：把历经岁月的爱当成一种安全的陪伴，是因为我们害怕诚实地直视它的弱点。假如我们承认它很脆弱，这将令人恐慌，因为我们已倾注了大量时间。而对于新的关系，你知道每一处将会发生问题的地方，但代价并不算大。这是我想要告诉你的：我非常相信热情在历经岁月的关系中仍然存在，这是因为薄弱处也仍然存在。告诉我们自己，它们并不存在，这也许会令人宽慰。但是它们的确存在。

我的一位朋友结束了一段为期十五或二十年的关系，和她交谈令我惊讶地意识到，情况有可能迅速变糟。他们也许会说，"十年来，情况都不太好"，而事实上只有最后几个月才是艰难的。当我听说这样的故事，则会想：等等，什么？对于一段倾注了十年心力的关系，难道不应该至少用十年时间让它结束吗？还是在结束前犯了十年错？而事情并非如此。因此，继续前行总有些危险。听上去似乎是负面的，而我却认为脆弱是爱积极的一部分。

娜塔莎·伦恩：理解到长期关系的脆弱性如何使关系更充满激情呢？

米拉·雅各布：当我感受到它的脆弱时，里面也蕴藏着让我敬畏的部分，这让我无法将爱视为理所应当。有一天乘坐火车时，我意识到截至那时,我已经认识对方二十年了。突然我想,天哪,如果我们不再拥有另一个二十年呢?(坦率地说,这很有可能,人生不如我们预期的那么长。)假如我们中有人离开这颗星球呢?和他在一起,我感受到了一种紧迫感。从那一刻起,我知道,相较与错误的人共同生活两年,我与他共度的二十年飞逝而过。一部分原因是他总带给我新鲜感。正当我觉得我非常了解这个人时,他又发生了变化:新的他浮现出来,而这一面我不曾了解。琢磨透他是谁,于我而言非常有趣。

娜塔莎·伦恩:为两人的改变留出空间,这可以是激情的来源,也可能成为长期关系的挑战?

米拉·雅各布:是的,我希望自己知道在一段关系中变化会持续不断地发生。在婚姻里,有时他像个陌生人,我会想:你是谁?这些时刻令人孤独,但它们并不证明你在一段错误的婚姻中——而只意味着你将经历一段艰难的改变时期。一方面,我希望自己年轻时就可以知道这一点。另一方面,我庆幸自己事先一无所知,享受到彼此改变带来的重重惊喜。真相是,你选择的并不是一个人,对方在改变,而你的生活也在改变。当你选择伴侣时,你真正选择的是,一个人如何经受变化。你也在选择自己如何与对方一起经受变化,肩并肩。

和你一样,你的伴侣一直处于变化的状态。作为爱人,你的功课是一直去了解他,保持好奇心。婚姻中,我引以为傲的一点是,我对伴侣非常好奇,而他对我也很好奇。当一天结束,世界上没有任何一个人像他一样,让我想与之倾诉。

娜塔莎·伦恩：在一段关系的早期，出于想要了解对方，我们会很自然地问一些关于彼此的问题。而随着时间的推移，有些人不再好奇挖掘对方的样子。而当对方改变时，这也许会让人感到威胁。

米拉·雅各布：确实。你所依靠的人变得完全不同，这很吓人。而你需要追上对方的步调。这会产生压力。你想要评判它。但我们都有自己不为人知的幽暗角落。婚姻有趣的一面是：你们承诺要了解这些角落，当它们成为不一样的东西时，要真正地看着它们。对于我，这就是婚姻的样子：出现，并付出努力，一次又一次地看见对方。

我的确感受到，我的伴侣在关心我的成长。每当我面对一个新的项目，或遇到害怕尝试的事物，他总是说："你能做到。你有解决的能力。"他对我有信心，是因为他明白新鲜的东西会改变我。

娜塔莎·伦恩：除了改变以外，你们还一起面对了哪些挑战？

米拉·雅各布：在美国，作为一对异族夫妇非常不容易。我和爱人有着两种不同肤色，来自两个种族，我们的孩子是混血儿，所以我们拥有两种对世界不同的体验。他成长于新墨西哥。我是印度裔，他是犹太人，我们都明白作为少数民族的感受。现在我们身处纽约，我觉得他并不像我一样对周围环境感到畏惧。害怕只发生在我和儿子身上，并未发生在他身上。似乎我们中有人在暴风雨中，而有人在凉篷下，我们用爱跨越间隔。

娜塔莎·伦恩：您是如何克服两人的不同经历所带来的挫败感，

并仍保持亲密的呢？

米拉·雅各布：这一刻，我们唯一能做的就是保持对话（当两人对世界的体验截然不同时，很容易会停止交流）。我也需要认识到，有时我愤怒，是因为的确有很多让我愤怒的事情。在我年轻的时候，想到我的种族问题会让我俩面对一个更为艰难的处境时，我对此感到很难受。但诚实地说，我的少数族裔问题并不是现在让我们的国家变得疯狂的因素，也不是对我们的夫妻关系伤害最大的原因——而是白人性。如果他选择和我一起，他便要选择和我一起经历这些，选择不厌烦、不放弃，或假装我会搞定一切。

而且事情比人们令你相信的要简单得多：我仍爱着他，我仍想在他身边，我仍愿意和他分享人生。比较难的部分是，要暴露并找到你身上的脆弱点，你知道对方永远不需要承担这些——也不要因为他们无法承受而心生怨恨。交流、消除隔阂、让对方明白你，可以使心墙不再日益增厚。

娜塔莎·伦恩：成为父母也会要求一段长期的关系进行调整。儿子如何改变了你们的关系？

米拉·雅各布：对我而言，一开始完全是身体上的付出，就像动物一样。我知道我们会给儿子喂配方奶，这是我去工作时所做的，但我想要母乳喂养，希望我的身体紧贴儿子的身体。因此，我独自起夜，我的时间和空间变得支离破碎。儿子出生后，我透过他的视线和需求看世界。起先，这让我对伴侣感到愤怒。我想，你到底是谁，作为一个成人,却拥有如此高的自由度?你怎么能如此轻松地走出家门,而不像我一样考虑这么多?无论你是不是生物学上的父母,出于某些原因,我想只有一位主要的家长,而这份任务落到了我身上。当你去完成这份任务时,它使你变得孤立。它让你处于亲子关系中,而你需要找到回到伴侣身边的路。你要看到自己的愤怒,并向对方表达出来,"我很生气,我失去了自我,而你却完好无损"。你需要表达它,并突破它。现在我们的儿子十二岁了,我们感受到了同样的压力。我们都是世界上最关心他的人。

尽管我和伴侣都需要改变,从而在关系中容纳另一个生命,但很酷的是,你能在另一个人身上看到伴侣的影子。我看到伴侣身上打动我的地方,也出现在了我们儿子身上,我理解这是神奇的自然化学,它们是如何发生作用,并向我揭示的?这令人难以置信,你为新的生命腾出空间,而组成这个新生命的很多东西,是伴侣身上令你心动的地方。

娜塔莎·伦恩:关于如何保持情感亲密,我们谈论了很多。但如何保证与对方相处多年时光后,仍能保持身体上的联结?

米拉·雅各布:我认为性是婚姻中的梦想生活,它说出了你不知晓或清醒时所不承认的事实。我坚定地相信,我们的大脑处理信息前,我们的身体更先知先觉,那样,性成了一种潜意识的语言,能以非文字的方式弄懂你自己,如同艺术和音乐。我最爱的是,它藏有真相,如其所是。你明白自己是否在联结,是否在敷衍了事,是否在后退。

娜塔莎·伦恩：当你将情感亲密放至神坛时，就会容易不怎么做爱，关注言语交流，所以，也许我们也应该在性生活上下功夫。

米拉·雅各布：确实。当我和爱人很久不做爱时，我会惊慌，如同很久没有写作。我觉得与自己很重要的一块疏离了。重新开始做爱的念头也会让我害怕，我想，如果我不再像以前那样迷恋了呢？这一开始让人紧张，渐渐地，它变成了一种不可思议的压力。对于这个困境，我直截了当的解决办法就是——也很容易能做到——经常地做爱。这样，每一次就不那么重要了。就像，我们又做了，太棒了！这一次怎么样？有时很棒，值得回味和珍惜。有时，就像洗T恤一样在例行公事。性会有多种可能性，我喜欢自己开放的心态。

但你也需要对此用心，我的意思并不是要满屋撒满玫瑰花瓣。我的意思是：让大脑停止思考，只是去做。我们需要与所爱之人时刻对话，而性也是一种不同的对话方式。因此，一直与某人在一起后，又突然解锁了一种新的性爱方式，是一件令人激动的事情。你会琢磨，到底发生了什么？我以为自己是了解对方的。

娜塔莎·伦恩：关于爱，哪些是您希望自己早先就能明白的？

米拉·雅各布：之前，将自己暴露在光线下会让我担心，因为我不想放弃自己的神秘感，从而失去对方的兴趣。我不知道，你总能从爱人身上了解到新的东西，他们一直会是谜团。他们内在的重重世界，有时你无法靠近，但他人却可到达。这是好事。

终其一生，我们拥有多面人生。其间，诸多秘密、期盼、阶段，以及不同面的个性;我们的爱人需要面对所有。我俩会坐在一起,他会说起自己的一个故事,一个想法,这对我而言,既是全新的,也是有趣的。我之前并不知道,爱是这样运作的。我以为,爱是一本书,翻阅,读完。通读后,就了解了整个故事。然而,你永远不可能通篇知晓,新的章节总会冒出来。

*

你是否能透彻地了解一个人(不能),爱意在几十年后是否会萌发出新意,我的这些问题已经得到回答。这段对话给予了我另一个提示:"性的潜意识语言"——身体告知我们的,也许是我们的意识所不能够的。尽管尝试受孕让性在我的关系中成为一件较为复杂的事情,而米拉形容它是婚姻的梦想生活,如果我想真正弄明白如何维系爱,就不能逃避躲闪。

*

如同亲密的情感,好的性关系也需要脆弱。每次,我们将自己的身体放置在另一个人的身边,并决定完全放手时,我们向对方又多展示了一些自己。我们袒露自己的欲望,甚至包括那些令对方觉得奇怪和羞耻的欲望。性也是一种交谈,看见和被看见的另一种方式。只是,你所能隐藏的言语变少了。无法预测事情的进展,无法预测此次或下一次你们抚触对方时,身体会作何反应。假如你可以保持身体上只有一个伴侣,这也是为数不多的发生在你与爱人之间的共同体验。性对于我的意义是:通过它来了解丹的另一面,而丹也以此来了解我的另一面。当然,自从我们在一起后,性生活也经历了不同的阶段:最初几年的炙热期；当我们更了解彼此后，我们的性生活频率降低了，但更具有探索性；在不害怕突破边界后，我们更愿意诚实地表达诉求。也有几次实用的性爱，有着具体的目的：我们动作笨拙，无法协调；也曾有些夜晚，我们中有人的大脑在神游。有时我担心自己的欲望在衰退，我不再像从前那样渴望性。当时，我认为好的性生活等于自然而然的欲望。我也会羡慕地回想起之前，在关系中的前三年我所拥有的身体，那时可以轻易地点燃。

直到流产发生后，我又开始尝试怀孕时，我才学着重新思考对欲望的理解。我不会欺骗自己，为了怀孕做爱，就像晾湿衣服一样单调。你明白当时当地需要完成这件任务，无论疲倦与否，否则衣服闻起来会有潮味儿，或者会错过怀孕的窗口期。这也变成了一种负荷。曾经，它对于我和丹来说，是联结和享受彼此的方式，而现在，它变得复杂：成为我们向往一切的入口。性可以让我们有个孩子，或不断地令我们失望，即便失望了，我们也得做爱，一次，一次，又一次。不是为了欢愉，而是有必要。医生曾告诉我们每隔一天要做爱一次。

有时，尤其是手术后的前几个月，我感到自己和身体脱离了，对于性爱一点兴趣都没有。结束任务——越快越好——成为唯一的目标。有时，我们自慰，加快速度。令人惊讶的是，这些时刻中的诙谐成了一种新的亲密感。非性感的，也非神秘的，但却十分坦诚。甚至一个雨天清晨的五点四十五分，如果我在排卵期的话，在丹上班前我会和他做爱。我俩在一起：两人有着同样的梦想，做着同一件令我们都兴致索然的事情，在尝试时，我们努力对彼此怀有善意和理解。

但关于这些时刻最奇怪的事情是，尽管性生活对于我们像是例行公事，但有时，过了几分钟，我会改变想法。出人意料以及突然地，我渴望着自己已经拥有的性爱。这不是发生了一次或两次，而是屡次发生。当我们越长时间坚持做爱，它发生得也越为频繁。这是我第一次意识到，性爱事先的自发欲望与我在其中感受到的快感质量无关。这个领悟指引着我去了解艾米丽·纳高斯基（Emily Nagoski）的作品。

艾米丽·纳高斯基是一位性教育者，也是畅销书《性爱好科学》（*Come As You Are*）的作者，她使用科学和心理学去戳穿性的神话。她让我们重新想象一个"正常"的性生活会是怎样的（其实并不存在）。她质疑了关于女性身体的猜想（尤其来自男性）。她告诉我们，通常是失败的风险干扰了人们享受性爱的能力。艾米丽的作品中有一部分改变了我对于性的看法，她观察了两种不同的性驱动：自发欲望（突然想要做爱的想法）以及响应性欲望（对于情欲刺激的反应，而非预期）。她解释说，尽管响应性欲望是健康和正常的，但当我们思考用什么来定义好的性爱时，脑子经常会跳到错误的问题上：我需要多少性爱？我多久能自动获得它？事实上，正如艾米丽和我如下讨论的，只有当我们不再把自发欲望当作好的性生活的唯一衡量标准时，我们才有能力提出一个更好的问题：令人心潮澎湃的性爱对于你真正意味着什么？

性爱的科学
与艾米丽·纳高斯基的对谈

娜塔莎·伦恩：在关系的早期，我们更迫切和更经常地想要做爱，这是否有科学的理由呢？

艾米丽·纳高斯基：并非每个人都如此。存在个体差异。但的确，在关系炙热的早期阶段，我们头脑中的依恋机制会驱动这一化学进程，这是一种共同的体验。这使得我们想要与另一个人捆绑，从而保证这种依恋关系，其中一种捆绑的方式就是性爱。当我们坠入爱河，欲望易燃，那是因为大脑在想，我还能做什么更靠近他（她）呢？哦，性爱是一种方式。

娜塔莎·伦恩：是否出于这个原因，当关系变得稳固时，人们也就不那么频繁地想要性爱了？

艾米丽·纳高斯基：对，这是一件讽刺的事：联结牢固时，你的大脑不需要再加强依恋关系。但当你处在一段安全、长期的关系中，依恋关系被挑战时，想要联结的冲动也会回来。我的妹夫（彼时是一名高中音乐老师）每年与他的合唱队去一次欧洲，为期十天。我的妹妹会待在家里，感受到一种被她称为"想家"的情愫，当妹夫回家时，她会有想要做爱的冲动，因为他们之间的依恋关系受到了挑战。她想念他，而性爱能够平复这种想念。尽管他们在一起已经二十年了，临时的距离感依然造成了强烈的欲望。在一段不稳定的关系中会发生同样的情况：如果你总在担心伴侣会离开，在不稳定的联结中就会感受到性驱使，你的身体在尝试用性使关系得以稳定。这就是为何欲望就是瞎扯。我希望人们不要再把欲望放置于对良好性生活定义的中心，因为这意味着你被驱使进行性生活——无论动因为何——而通常情况下，动因也许有些扭曲，或不利于你。

娜塔莎·伦恩：我们这个文化通常谈论欢愉的方式——比如，一周应该做爱几次——如果次数不够人们就会觉得失败。而您说的是，如果一个人并不向往性爱，也许意味着他/她拥有一个牢固、安全的关系？

艾米丽·纳高斯基：是的！过去的五年中，我读到最激动人心的研究出自加拿大的佩吉·克兰普拉茨（Peggy Kleinplatz），是关于最佳性体验的。研究者采访了几十人，这些人认为自己拥有满意的性生活，他们的关系结构各式各样，有的已经持续了几十年。"你所拥有的良好性生活，是怎样的？"从回答中，研究者总结出了非凡、最佳性体验的特点清单，并将其出版在《高尚的性》（*Magnificent Sex*）一书中。你猜，哪一个特点不包括在内？自发的，突如其来的欲望。同时，不包括频率。然而，我们关于性的文化脚本却将这些放在首位。

娜塔莎·伦恩：那克兰普拉茨认为无与伦比的性爱中哪些特点是位于前列的？

艾米丽·纳高斯基：

（1）完全活在当下、具身的、专注的

（2）联结、协调、同步

（3）深入的性、情欲的亲密感

（4）用心交流、深度的同理心

（5）真实、可靠、不伪装

（6）脆弱及顺服

（7）探索、人际冒险、寻求乐趣

（8）超越和改变

娜塔莎·伦恩：回到您妹妹和妹夫的例子……您认为在关系中制造安全距离，是不是增加长期关系中欲望的一种方式？

艾米丽·纳高斯基：是的。克兰普拉茨在研究中使用的词是"正好安全"。对一些人而言，"正好安全"意味着开灯或体验新的姿势。但其实，无关于俗套的性技巧，情感上的冒险更为重要。是关于脆弱，关于真实。接受伴侣的全部模样是非常勇敢的，他们是谁，他们渴求什么，同时你的全貌和渴求也被对方所接受。这比性感和情色更难，但也更有收获。欢愉并非一直是优先事项，但如果它对于你们彼此都非常重要，你可以找到勇气在彼此身上探索它的所在，你们整个关系将会改变。你会感觉到彼此联结得更紧密——甚至与你自己的人性。

娜塔莎·伦恩：那么，我们为何认为自发欲望才是好的性爱关系呢？

艾米丽·纳高斯基：我经常琢磨这个问题，但并无科学答案。我认为一部分归因于，它最有利于资本主义。你不断求索，不停消费，从而一直刺激经济。我们有一个基本认知，即充满欲望才是最合理的状态，而这是荒诞的，欲望难道不是对我们眼下所拥有的一切感到不满吗？而目标又是什么呢？

娜塔莎·伦恩：如果有人向您求助，她缺少自发欲望，但希望在关系中满足她和爱人的响应性欲望，您会给出怎样的建议呢？

艾米丽·纳高斯基：过程中很重要的一部分是理解，响应性欲望是正常的——它并不是任何问题的症状。人们拒绝放弃对自发欲望的幻想，其中一个原因是我们都想被需要。人们会很失望地接受，在真实世界里，其实需要把性爱的计划写在日历上。你会穿上最爱的内衣，找到儿童看护（如果可以的话），晾晒好最后的衣物，爬上床，等待爱人的出现。最后，他出现了。你的肌肤触碰着爱人的肌肤，你的身体有所反应。哦，对，我喜欢这样。我真的很喜欢这个人。这是正常的。在一段充满强烈性联结、维系了几十年的长期关系中，性爱便是如此。

当两人坠入爱河时，他们迫不及待地想要触摸对方，他们希望性爱是火热的。当他们觉得性爱事先安排听上去很乏味时，我提醒着他们曾经对性所给予的努力和期盼。最初阶段，你不仅想见到对方，没见面时还会一直魂牵梦萦。你让身体就位，挑选好衣物，开始有感觉。你做一些事情向对方求爱——一切并不会自动发生。在一段长期关系中，你也需要付出相同的努力来获得性爱的享受，并给予对方深刻的印象。

娜塔莎·伦恩：您说得很对，回看那些自发欲望，其实都是一系列有计划的决定和努力。

艾米丽·纳高斯基：是的，区别在于，在关系早期，很容易把性爱放在首位，也很容易动情。十年后，你的身体会改变，也许有了孩子，更容易疲倦，两人之间或许发生了情感上的摩擦。如果是那样，做爱之前，需要先梳理彼此对其他事物淤积的感受。

娜塔莎·伦恩：对于一些人而言，说出"我并不是自发想要做爱，可以先订个计划吗？"会是一件难事。承认关系发生了一些变化（尽管，如您之前所说，可以是积极的变化）不容易。为何这个对话会如此沉重呢？

艾米丽·纳高斯基：筹划性爱的想法令人不悦。我们都很脆弱，害怕被拒绝，需要很大的勇气才能说出，"如果我们周六下午三点有时间的话，我会非常乐意。我会把自己放在床上"。开口意味着要承受被拒绝的风险。我们对自己的认知与我们的性吸引力息息相关。尤其是一些异性恋的男性，他们被教导相信，接触爱的唯一方式就是床笫之欢。他们认为，当伴侣说"不"时，她们不仅仅在拒绝做爱，而是拒绝了自己的整个人格。性本身不仅仅是冲动，也是联结，而我们也并没有给予男性其他付出和接受爱的渠道。如果异性恋的男性们能意识到有其他付出和接受爱的方式，就不会让性爱承受过多。对于女性来说，也不会过多地成为一项责任，因为当说出，"我太疲倦了，不想做爱"时，她不会觉得自己是在拒绝对方的整个人格。一切与对方的人格无关，她仅仅是累了。

娜塔莎·伦恩：谈到不要让性爱承受过多压力，您觉得我们是否太看重高潮了呢？更多地去看重快乐，彼此是否能更自在呢？

艾米丽·纳高斯基：对一些人来说，高潮非常重要，没有的话，就会觉得不满足，这是正常的。但也有人觉得高潮是必需的，否则就意味着失败，这两者是有区别的。对于这些人，我建议要完全放手对高潮的执念。因为当你放弃高潮，就会让快乐成为你的目标，只要你在享受，就不会失败。而阻挡快乐通常是失败的风险。

娜塔莎·伦恩：采访前，我问我的女性朋友，她们在性爱中最大的问题是什么。最常见的两个回答是：(1)我不擅于做爱，没有这个习惯，也不容易兴奋起来；(2)我无法心无旁骛地去享受它。对于这些问题，您有什么建议呢？

艾米丽·纳高斯基：最重要的是学习何为"正常"。如果人们认为好的性爱就是建构符合文化的性爱理想，这意味着他们并不擅长于此。标准纯属一派胡言，与人的真实行为并无关系。若未能达到专断的、具有破坏性的标准，我们不应苛责自己，而应按照自己的方式来评价性生活。这很难。摆脱自己的局限可使其变得容易，你可以通过正念的方式达到。

娜塔莎·伦恩：但是，科学地说，为何当头脑处于冷静平和的状态时，会更容易兴奋呢？

艾米丽·纳高斯基：在你大脑中控制性反应的部分称为双控机制。加速器会注意到与性相关的刺激：你看到、听到、闻到、触到、尝到、想到、相信或想象的一切。它会传递让你兴奋的信号。同时，双控机制中还有刹车。如果刹车注意到不应兴奋的理由，比如潜在的威胁，它就会传递减退兴致的信号。所以，激发兴致是一个双重的过程，既是启动兴奋开关，同时在消除让人刹车的因素。当你在脑子里碎碎念，担心自己不够性感、乳房下垂、大腿上有赘肉，这些想法会启动刹车，而非加速。只有当你放开周围一切，在你脑海中，刹车才会失效，加速器开始运转。

娜塔莎·伦恩：谈论性爱时，我们的重点经常是如何能变得兴奋，如何能加速进入状态，但也许，我们更应该学习的是如何能不触发刹车？

艾米丽·纳高斯基：是的，关于润滑剂、角色扮演的文章侧重于激发兴致。而事实上，当人们挣扎时，并非点燃兴致的刺激不够，而是有太多让人想踩刹车的因素。尤其对于年轻女性，比起第一次与对方做爱而言，她们在进入关系六个月后更容易达到高潮。第一次与对方约会时，他们并不知晓如何抚摸你，同时，你的内在监视器也在关注对方的担心和期待。这些会触发刹车，并让你的关注点不再是感官享受。而六个月后，你的身体会忽视那些，它开始信赖你的伴侣，而对方也学会了以让你舒服的方式抚摸你。

娜塔莎·伦恩：这便是为何性欲会随着时间的推移而发生变化？因为刹车在人生不同阶段的作用力不同，它取决于周围的环境？

艾米丽·纳高斯基：是的，你的大脑会对人生不同阶段的变化做出反应。有了孩子之后，欲望一下子会降到很低，这是正常的。睡眠缺乏、精疲力竭，假如你是母亲，意味着整个身体都发生了变化。当然，就不想做爱了。假如，你在照料老人，也会有同样的变化。某种程度上，在这些阶段，担心自己为何对性爱失去兴致也会触发刹车。评判性爱会使其熄火。因此，你越松弛，越能理解欲望和性爱的联结在一段关系中会有涨落，这样也能更容易走出欲望低落期，迎来升温。

娜塔莎·伦恩：关于性和欲望，哪些是您希望自己早先就能明白的？

艾米丽·纳高斯基：关于快乐的神经科学，最简单的方法就是想，假如你处于兴致盎然的状态中，此时伴侣挑逗你的话，会让人感觉良好，继而关系升温；如果你对伴侣心怀怨怼，而他又来挑逗你的话，你或许会想揍他的脸。对于同一个伴侣，因为环境迥异，大脑的解读便不同，因此，要想弄清楚身体的愉悦感，不仅仅是说"抚摸我这里，不要那样抚摸我"，还要创造一个环境，让你的大脑把感受——任何一种感受——解读为愉悦。

*

结束和艾米丽的通话后,我反思了过往人生中不稳定的关系。她的话很有道理,在诸多令我不安,或令我觉得关系会随时终结的互动中,我总有做爱的冲动。我希望自己彼时明白,强烈的欲望并不总是意味着你与另一个人有深入的化学联结,还意味着你们的关系缺少安全感。不安全感会捉弄我们,让我们渴望与不在意我们的人做爱,这是多么无益?

好的一面是,艾米丽帮我意识到,情爱的联结并不会随着时间的推移而消失——它会变强。我又读了一遍她用来形容好的性爱关系的词:脆弱、顺服、探索、冒险、超越……所有用来形容我和丹当下关系的词汇,而非我们的早期关系,早期我们较为退缩。也许,一段不错的关系意味着我们需要为性爱付出更多的努力,伴随着安全感而来的信任,也给予了我们完全暴露自己的勇气。

我仍有突然想要做爱的时刻。这种自发的感受令人愉快,提醒着我大脑可以引导身体。但自从与艾米丽聊完之后,我明白了自发驱动想要做爱并不是唯一"正常"的欲望形式。事实上,我们几乎所有人在某个时刻都需要为性爱提前做准备或计划。也许再过几个月,我又会感到与自己的身体分离;也许我会觉得疲劳不堪;也许我甚至会问自己,当丹看起来遥不可及时,我向他靠近是否值得,我们是否已经忽视彼此太久了。但在那些时刻,我会尝试记住——就像任何你在生命中想要优先排序的珍贵事物——性爱也需要努力。那并非一直容易。有时,它会从我们的生命中完全消失,我们需要勇敢地向伴侣提出,从而让它回到我们的生活中。有时,消失一阵子也不是什么大事,这是正常的。关系不可能时刻完美。那何时会有超凡感受呢?当我们感受到体内压抑的能量得到了释放，感受到了接受、温柔和渴求，感受到了与另一个人深深同频、无法言表的体验？我觉得那是一种魔术。

艾米丽向我解释了情感距离会带来好的性爱关系，我想知道它是如何益于关系的其他方面的，以及为何缺少情感距离，亲密关系会更为考验人。比方说，为何我们更近距离地了解了一个人之后，反而容易忽视对方？以及，为何亲近会让我们对伴侣产生挫败感？为何当伴侣把脏盘子堆满水槽，当他们借用了手机充电器又放错位置时，我们更容易恼火，而朋友不会令我们如此？为了深入探究，我和关系教练苏珊·奎利姆一起探索了我们在爱中面对的最大挑战：距离和安全之间的平衡。

三十多年来，苏珊帮助很多伴侣捋顺关系，她写了二十二本书，还在人生学校开发和教授爱的课程。聆听了三十多年伴侣之间的问题后，她理解了为何关系中令人舒服的部分（安全和亲密）通常也会成为最痛苦的根源（不友善和愤恨）。她的话语让我的关系发生了转折，我开始意识到我需要为自己的感情负责，从而维持我对自己以及丹的爱。这是简单的、显而易见的一课，但苏珊进行了更为深入的探究，她让我们明白为何在关系初始甜如糖霜的亲密感，很快就会成为关系的负担。

对话间，我想到了里尔克的话："一旦接受了最近的关系之间也存在着无限远的距离，比肩同行的美好人生才能应运而生，如果双方可以成功地爱上彼此之间的距离，就能以广阔的天空为背景并视对方为完整的存在。"和里尔克一样，苏珊帮助我理解到关系中的距离并非威胁，而是帮助我们走向更有裨益的联结。

二　如何维系爱？

爱情中独立的重要性
与苏珊·奎利姆的对谈

娜塔莎·伦恩：让爱走向错误的方向最常见的原因是什么？

苏珊·奎利姆：缺少自我反省和自我理解。很多人以为，开始一段浪漫关系，你所要做的就是找到一位伴侣，实际上，第一步并非如此，而是去理解你所需要和想要的。我经常引导人们，需要定义的是想从伴侣关系中获得什么，而不是从伴侣身上获得什么，因为两者截然不同。

娜塔莎·伦恩：您看到客户们挣扎着让爱得以持续。伴侣之间最常犯的错误是什么呢？

苏珊·奎利姆：这听上去像是老生常谈——一旦开口，我就会滔滔不绝，因为它过于复杂——人们在长期关系中失去的，是善意。原因诸多：一旦你近距离接触对方，比起陌生人，他们更容易惹怒你，反之亦然。如果朋友惹怒你，你并不会轻易发脾气。如果你爱对方且对方也在意你，通常情况，更容易失控咆哮，而不是后退一步，心想，不，我应该像对待陌生人一样对待伴侣。我应该怀有善意，保持一点距离。

有个专业术语称此为夫妇"困境"——双方距离如此之近，便开始以恶劣的态度对待彼此，对于同一事物不同的感受让人有背叛感。

坠入爱河的最初阶段是在寻找相似点，随着关系发展，个性开始展现，一方也许会说："等等，你不同意我说的？这肯定意味着你并不爱我，开始时你从未有过不同想法。"对于彼此之间出现差异的威胁，你可以无休止地抱怨指责，或封闭自己，拒绝一切联结，并把注意力放在别处，比如工作或孩子。伴侣间，我遇到最常见的问题是：保持联系和保持足够距离之间的平衡，从而确保双方的和睦共处。其他状况各有不同，但这一点是我见到诸多问题的根结。

娜塔莎·伦恩：听上去，您似乎说的是，关系中的安全感也是关系的敌人？双方在一起之后所产生的安全网允许你刻薄地对待对方，而在一段关系的初始阶段，由于安全感缺失，我们便尽力让自己显得和善？

苏珊·奎利姆：没错。一开始我们非常客气，努力取悦对方，这使人入迷。当关系开始变得稳固时，安全感让我们觉得可以把关系搞糟，我们却不理解为何。

关系初始，两个独立个体努力靠近对方成为一个整体，这很美妙。但有双重的危险：（1）过于依赖彼此；（2）双方在关系中是完全独立的两个人。临床心理学家大卫·史纳屈（David Schnarch）将人们需要的微妙平衡称为"互相依赖"——人们彼此交织，但并未交织到令你失去自我，或失去最初令两人走到一起的因素，并在二者之间找到平衡。有时，你们走到一起，获得联结；有时，即便在最好的关系中也存在距离。对此，你要有所成长，能够说出："好，我们还会努力回到之前的关系，但我们不会惊慌失措，因为我们信任彼此。"

娜塔莎·伦恩：到达关系中令人有安全感的阶段时，您如何避免自己变得愤怒并用恶劣的态度对待伴侣呢？

苏珊·奎利姆：第一步，是自省的能力，在关系中很多人都不具备。在工作中分析项目时，他们能力出色。但被要求对关系中发生的一切进行反省时，他们就会退缩，并说道："不，一切应该是随心随性的。"

第二步，是自我管理。注意到自己变得刻薄时，先冷静，再开口。一旦伴侣双方或一方冷静下来，一切也会井然有序。我也常常会对这样的说法提出质疑，"是他或她让我觉得怎样怎样"——比如说，"她让我生气"或"他让我觉得自己很失败"。事实上，伴侣并不能让你生气，因为你有能力控制自己的情绪。一旦完全依赖伴侣让自己开心与否，你就陷入了麻烦。因为你的伴侣没有可能满足这个期待，没有人可以满足你所有的需要。

娜塔莎·伦恩：既有能力自省，也能做到自我管理的话，接下来应该怎么做呢？

苏珊·奎利姆：我会再说说交流（因为当时的场面也许有些难堪）和协商，这会让伴侣看到：大多数情况下，除了最终几个无法通融的问题外（比如说你是否想要孩子），双方都可以在关系中得到自己想要的。同时，对自己的情感需要负起责任；自我振作；成熟且平衡。而不是想，好的，你需要来承受我任何一点点古怪的小性情。

我并不是说，我们百分之百需要做到这一点，我们并不是机器人。但我们要有觉知的习惯，我能感觉到自己变得生气。有情绪很正常,也很重要,因为情绪会传达信息。但对于情绪,我应该做什么呢?我会对伴侣凶巴巴说话吗?我会"砰"的一声关上门,一走了之吗?我会语言暴力吗?关键是,我会失去"我们"的意识,而不是"我",又或者,这个人是否会对双方如何看待当下情形进行思考,并说,"听我说,我现在觉得很生气。我需要想办法让自己冷静下来,才能回来再倾听你想说的话,我可以对自己进行反省,承担起自己的责任,这样我们才能进行一段我们彼此都被考虑在内的对话"?

娜塔莎·伦恩:为何有人过于执念两人合二为一,从而陷入困境,并发现在关系中很难留出空间呢?

苏珊·奎利姆:假如幸运的话,在孩提时代,我们是安全的,并感觉自己得到了支持。我们需要适应周围发生的一切,但我们被照看、被关爱,我们获得关注。拥有伴侣之后,我们又会寻找童年时获得的爱的力量:全然的安全感和效力。最终,从父母那里得到的那种爱,没有任何人能给予我们。但有人在尝试着给予,因此双方在不断地靠近。一方想要更多,另一方给予更多,依赖就此形成。

娜塔莎·伦恩:想一想亲子关系,我们曾经完全依赖父母亲,青少年或成年后,我们开始远离他们,将他们视为独立于我们自身的个体。这是否也反映了我们在浪漫关系中所需做的?

苏珊·奎利姆:这是很好的类比:所有人都需要有能力在情感上单独存活。只有当我们成功地将自身与父母分离开,独立生活,才能开始看到差距：我们不再从父母那里得到肯定，我们意识到没有人可以完全照顾我们。有人将这些需求完全转嫁到伴侣身上。我遇见过一些夫妇，对于每一件事，他们都完全依赖彼此，因此，他们变得脆弱，或者说关系开始变得有毒。坠入爱河是美妙的，但你需要从最初纠葛阶段抽离出来，允许你的伴侣成为独立的人，从而你也不会扭曲自身来满足他们的需求。同样地，我认为人与人的关系过于依赖是危险的信号。那种状态下的伴侣，一般来说根基都有严重的问题：恐惧或缺少信任，对亲密的躲避。他们并没有裸露自身，没有对彼此坦诚。

娜塔莎·伦恩：我们在关系的初始阶段争吵不多，是不是因为我们没有足够的安全感说出真实想法？

苏珊·奎利姆：是的，但这在最初也与你的关注点有关。你一直关注着伴侣能以各种方式理解你。这种强烈的感受令你分神，让你过滤了自己不赞成的方面。你俩行为一致。假如，在第四次或第五次约会时，你去了对方的公寓，公寓就像垃圾堆一样，当时并不让人觉得是个大问题。也许你在忙于思考何时——或是否——你们会走进卧室。但随着时间的推移，你不仅变得更有安全感，也开始不那么关注于让你俩走到一起的因素，而开始琢磨，住在一起的话，脏乱会不会真的成为问题？大问题——比如说政治价值观——也许会在关系初期浮出水面，而小事只会在后期开始变得重要。它们逐渐在关系中起到主导作用，当你试图在关系中重建彼此间的相互依靠，而非依赖时，你将强调二人的不同："看，我是一个个体。我不是你。不要试图让我在每一件事上都同意你的意见。我需要一些个人空间或身份。"

娜塔莎·伦恩：但从正面看，能表达出沮丧是否也意味着我们在关系中又成为完整的自己？

苏珊·奎利姆：在最健康的关系中，夫妇双方争吵并不会觉得受到威胁，争吵后，二人重归于好，并能够做到在整个语境中看待谈话内容。争吵本身并非问题，对待争论的态度才是真正的问题。当两人争吵谁整洁、谁不整洁时，一方也许会说："你知道吗？你有不整洁的权利。我有整洁的权利。我们如何找到一个现实有效的解决办法呢？我并不介意你不整洁，但别不讲卫生。"随处乱搁咖啡杯的一方会说："好的，我保证只在办公室里这样做，我也不会放任不管，让它们发霉。"两者区别在于双方需要一起努力，并作出妥协——致力于"我们"而不是"我"。在争吵中，如果你说"像我说的那样做"或"不，像我说的那样做"，从长远看，它会毁坏一段关系。

娜塔莎·伦恩：您想说的是，在关系中保留"我"而不是"我们"非常重要，但当争论发生时，便需要回归到"我们"，从而去理解需要关注的不只有自己的需求。

苏珊·奎利姆：这很重要，因为其中包含着矛盾。每一段关系——不止是亲密关系——都是围绕着"我"和"我们"之间展开的无意识沟通。有时，两人或你们中有一人需要说"我"。但如果只说"我"，将不会拥有一段关系。另外，如果只说"我们"，那会相互羁绊，或相互依赖。你们一直在不断平衡，如果人生中发生了大变化——比如，有了孩子——你们又需要重新协商。两人亲密相处，但并非亲密到以恶劣态度对待彼此。对自己的感受负责，后退一步，并以尊重和善意对待对方是一种能力。如果你能做到，伴侣也会给予反馈，一切就会重回正轨。

娜塔莎·伦恩：关于爱，哪些是您希望自己早先就能明白的？

苏珊·奎利姆：比起想象的，爱无限艰难，也无限荣光。

*

苏珊指出了爱里蕴含的一个有益矛盾：如果你丢失了自己的独特性，将会破坏一段关系，如果你无法接受自己的需要并不是故事的全部内容，将会很难理解伴侣的视角。这就是为何，同时从"我"和"我们"的角度去思考是有益的。一起生活，分开生活，信任你们作为个体之间的距离，学会与另一个人分享人生。

所有的这些，我认为，又回到了一个我从未将其与爱相挂钩的词——"责任"。也许，我从未如此思考的原因在于我过度关注被对方爱，而不是爱对方，以及爱对方所需要什么。在苏珊分享的诸多宝贵课程中，责任是本质：像对待陌生人一样，对伴侣心怀善意。不要依赖他们满足你所有的需求（或使你开心）。在语境中反刍争吵。不要指望他们可以忍受你每个瞬间的感受。对感受先进行自我审视。

最早，我坠入爱中——一种仓促、疯狂、有力的感受控制住我，让周围一切黯然失色。我无法对其回应或负责，我迷失在剧情中。所以，一开始当我听说精神分析师弗洛姆认为爱是"就位"，而非"坠入"时，我并不能理解。但我想，这也是苏珊所形容的过程：为爱就位；发展出能让自身稳定、平衡，能控制自身姿态的情感成熟度；给予对方宽裕的空间作为礼物；不要完全依靠对方，而是与对方比肩而站。

青少年时期，我相信如果你足够强烈地爱对方，无论人生境遇如何，爱意足以让你们在一起。这是一个浪漫的视角，但并不现实，当我采访《纽约时报》"现代爱情"专栏的主编丹尼尔·琼斯（Daniel Jones)时，他总结了原因："很多关系以及婚姻破裂的原因是有一方说：'和你一起，我不再感觉到爱意。'出于这个想法，就要让关系结束吗？不应该只有这些，就像孤单也不足以成为维系一段关系的理由。"事实是，有时你会觉得"不爱"伴侣了，有时你会想是否别人会让你更快乐。明白和接受这一点是有帮助的，而不应该认为这是一种错误。

所以，我在想，何时开始我们对爱寄托了如此多的期待——比方说，它可以克服所有困难，又或者，仅仅对方一人就可以让我们变得完整？我们为何认为爱可以让我们一直快乐？期待终其一生的一夫一妻制是否现实？如果我们坦诚地看待爱，这也意味着要直面它不那么让人舒服的方面：不忠、怀疑，以及我们会伤害彼此的种种。为了探索这些问题，我与研究现代关系最杰出和最受人尊敬的思考者——作家、播客主持人、演讲家以及伴侣治疗师埃丝特·佩瑞尔（Esther Perel）进行了交谈。

当围绕亲密关系话题时，埃丝特是无所不能的。三十多年来，她一直在国际畅销著作《亲密陷阱》(*Mating in Captivity*) 和《危险关系：爱、背叛与修复之路》(*The State of Affairs: Rethinking Infidelity*)、匿名的伴侣疗愈播客节目"我们应该从何开始？"(*Where Should We*

Begin？）、拥有百万观众的TED演讲，以及纽约的治疗实践中摸索爱的微妙之处。正如我在我们的视频通话中发现的，埃丝特很强硬，却充满热情。她是一名实际的浪漫主义者，她反驳陈词滥调，也能直面想要联结的两个人所制造出的混乱局面，她一直提醒着我们爱所拥有的救赎力量——只要我们真实地面对它。

我们对爱所寄托的期待
与埃丝特·佩瑞尔的对谈

娜塔莎·伦恩：我们对爱和亲密关系依赖的部分原因是不是我们认为自己是特别的？我们希望感受到自己是唯一能让伴侣开心的人，如果对方背叛并离开，这会伤害我们的自尊。

埃丝特·佩瑞尔：我们有着一个浪漫的理想，认为我们会找到"唯一"，一个灵魂伴侣，举世无双。在这个浪漫组合中，我们相信对于伴侣而言，我们也是"唯一"。我们相信自己是唯一的，不可取代和不可或缺的。当爱的雄心壮志被背叛这样的事情所摧毁时，我想自尊心变得遍体鳞伤是很正常的。

最主要的原因在于，我们是孤立的。研究显示，在美国过去的二十多年里，我们已经失去了百分之三十至百分之六十的社会关系。这意味着，我们分享人生片段的群体对象——邻居、朋友、兄弟姐妹——所有这些社会关系类别在消失，被转移到婚姻关系中。现在，我们希望伴侣提供给我们之前整个村子给予的支持。我们让他们背负所有的期待。所以，如果对方背叛，我们会觉得失去了所有。

如果我们生活在一个更大的社交结构中，对于我们而言重要的人、在意我们的人、我们在意的人不止一人的话，发生背叛时，我们同样会受到伤害，但不会觉得失去了整个自我。这是区别所在。我不认为背叛不会伤害人。它伤人至深。但是因此而认定"我整个人生是谎言，是欺骗，我不再清楚自己是谁"，则是不同量级的。

娜塔莎·伦恩：您是否认为，当我们到达出轨的临界点时，如果我们并没有如此依赖一个人，我们是否能够有机会避免出轨的发生？

埃丝特·佩瑞尔：不，我并不这样认为。这些情况也许是相关的，但并不意味着是因果关系。是的，我认为现在我们刻意将很多期待放在亲密关系上。但更好的婚姻关系比历史上任何时刻的婚姻关系都要好，只是同样好的不多。现代的好婚姻更平等了，更让人满意了，更丰满、完整了——没有可比性。今天好的婚姻比历史上的婚姻都好。只是能抵达的人不多。

娜塔莎·伦恩：您之前说，现在我们经常认为自己值得拥有持久的幸福。追求快乐是否对一段确定的关系施加了压力？

埃丝特·佩瑞尔：现在，快乐并不是一种追求，而是指令。你必须快乐。而且你也可以用快乐的名义做各种事情。所以大家一直在问："我的婚姻够好吗？它可以变得更好吗？也许我不需要再受制于它，我要找别人。"类似于消费者心理"我可以做得更好"……你知道"足够好"已经不流行了，最好才是追求。你不仅是因为真的不快乐而离开，还相信自己可以为更快乐而离开。

娜塔莎·伦恩：您能识别出关系可以弥补的伴侣和已无法弥补的伴侣之间的区别吗？

埃丝特·佩瑞尔：三十四年的治疗实践后，的确会因为工作经验的积累而产生某种直觉。这并不意味着我知道，也不意味着我是正确的。但如果我能觉察到，一方仍有所留恋，仍有深深的爱意，仍十分在意，会帮助对方解决婚姻中的问题，我将尽我所能地伸出援手。但假如我知道另一方最终不会回到关系中，我则不确定帮助他们解决问题是否明智。这几乎是残酷的。

娜塔莎·伦恩：帮助伴侣们挽救婚姻时，您会做什么呢？

埃丝特·佩瑞尔：比如，昨天有一位客户，他严重地伤害了另一伴，所以，他需要坐在那里并感受被轻蔑的一方强烈的感情。这是他长久以来一直忽视的人——而她现在，从某种意义上来讲，正在争取他。这是一种愤怒，激情的愤怒。然后他说："我要修复它，我要为了我们而努力。我要让我们回到过去。"起初，这意味着能够理解到自己有多伤人，而且羞耻感不会沉重到令他无法承担责任。人们一开始总会倾向于表达："让我们翻篇吧，我们已经决定不分开，那就不要再讨论了，事情已经过去了，让我们抛之脑后吧。"当然没有这样简单，对于她，噩梦才刚刚开始——他已翻篇，而她却刚开始。我会让他表现出自己的在意，让她感觉自己是特别的，因为她的价值感已经消失了。他能做些什么，重新给予她价值感呢？

我要求另一个丈夫写了一封情书，其中他坦白了很多东西。甚至比妻子知道或想要知道的更多。我说："我想让你登上飞机，穿越国家，把这封信当面给她。因为她以为自己下周才能见到你。所以，要表现出来。表现出来！表现出她很重要。表现出你们的关系很重要。展现出来。"对于这些事情，没有固定答案，但意愿需要清晰明了。而这意味着要表现出对方对于你的重要性。

娜塔莎·伦恩：您认为能够顺利度过出轨事件的夫妻有何共同点？

埃丝特·佩瑞尔：有很多让他们成功的因素。但反过来说，我可以告诉你一个阻碍成功的负面因素：背叛、撒谎和欺骗的那一方缺少同理心。这会导致疗愈的失败。对于另一方也是同样的：如果被背叛的一方缺少探求出轨背后原因的好奇心，也会导致失败。关于出轨他们唯一能想到的是，它伤害了自己，这就会让情况变得富有挑战。被背叛的一方的好奇心位于第二位，但同样重要。从根本上说，为了拯救关系，双方都需要有一定程度的同理心和兴趣，以及理解对方经历的强烈愿望。

娜塔莎·伦恩：双方如何做，才能保持对彼此深刻的理解呢？

埃丝特·佩瑞尔：我觉得伴侣双方每年都应该开一个小会，对关系进行复盘。我很重视仪式。如果你告诉我，"我很在意对方"，那我第二个问题就是："你会如何表现出来呢？"光有感受是不够的。你应该做些什么让对方明白你的在意呢？如果你不予理会，那就是一种忽视。有人会安排每一个半月一次的周末外出，有人每隔一段时间会写一封语言优美的信，有人在不经意的时刻出现并给予对方惊喜，或者做一些自己讨厌但对方在意的事情。用所有这些加总起来告诉对方：你对于我很重要。我会不厌其烦地将此表现出来，让你知道。

娜塔莎·伦恩：三十四年伴侣疗愈的经验是否让您觉得婚姻作为一种制度仍有价值？

埃丝特·佩瑞尔：是，但它并非唯一的模型。说起婚姻，我们有一个非常单一的模型，而它并非一体通用的。我们已经多次重新发明家庭的概念。我们有核心家庭、大家庭、混合家庭、单亲家庭、手风琴家族（accordion families）……我们的确在允许多种家庭模式的存在，但对于伴侣关系我们却没有允许多种形式存在。

我想每个人都想拥有伴侣——这一点从未改变——但是就伴侣关系、亲密关系，以及关系契约，人们需要更多形式以供选择。我们今天所拥有的机会，在历史上从未存在过。历史上何时有人在五十五岁时才结第一次婚，并拥有一个完整的新家庭和自己的孩子？长寿和灵活性给了我们新的选择，我们将会看到更多的关系模式。

非婚姻的长期契约在欧洲层出不穷［从法国的公民同居契约（PACS）到英国的民事伴侣］。人们之间有承诺仪式，但并不经历传统的、法律上的婚姻。在美国，社会福利不多，婚姻也是一种福利保障，大家都希望你结婚，这样的话，政府就不需要给你提供太多帮助了。这与一夫一妻制无关。

娜塔莎·伦恩：人们也推迟结婚了，这是否也让事情发生了改变？

埃丝特·佩瑞尔：大家结婚变晚了，婚姻发生了改变，就像其他制度，如果它适应性强并有灵活性，就会存在下去。自然中的每一种体系、进化史上的每一种生命体，抑或适应，抑或消亡。因此，婚姻在历史上也一直在适应新情况：农民的婚姻与工业时代的婚姻不同，后者也不同于企业家的婚姻，而企业家的婚姻与美国社会中40%的女性比男性收入更高的婚姻也截然不同。情形较之以往大不相同。因为权力结构改变，婚姻也有所改变，像所有其他组织一样，婚姻也是一种权力结构。

娜塔莎·伦恩：您常说，我们直到外遇发生时才去谈论它。在关系早期，您是否觉得双方需要坐下来，诚实地谈谈它对于彼此意味着什么？出轨是否包括身体、情感出轨，或者发送挑逗的邮件？

埃丝特·佩瑞尔：是的。你曾经问过我："人们需要分享每一件事吗？需要分享自己的幻想以及全部吗？"你还问："婚姻过时了吗？"我认为，很多人已不再有重要的谈话。它们不是契约，只是对话。关系的坦率程度取决于对话是否坦率。如果你们从不谈论这些，其实就为遮掩埋下了种子，你会说，"我不能谈论这些，这会激怒他或她，这会制造问题，会引起紧张"。你会假设这并不在你们的交流范围内。

在成年人的关系中，双方就自我袒露、亲密、坦诚进行讨论沟通，哪些是一起的，哪些是分开的。有些伴侣生活在完全重合的空间里，分享一切，几乎没有个人空间。这是他们的模式。而有些伴侣风格较为迥异，重合空间较小。他们分享一些非常重要的事情，但拥有自己完整的世界。两种模式一样可能导致出轨，但在事件发生后，你最经常听到当事人说一句话——也并非每一个人都会说——"我们几十年来都没有过这样的对话。"你会琢磨：这么多年来，你们都在聊什么呢？然后，出轨导致了大坝决堤。没有什么可失去了，双方变得坦诚，第一次他们开始讨论性关系的质量，讨论之前因为想躲避冲突而不愿触及的话题。

娜塔莎·伦恩：您和先生在一起生活了三十多年。您的研究如何改变了您对于这段关系的处理方式？

埃丝特·佩瑞尔：我想改变在于，我们俩开始了对话。很显然，我们之间没有禁忌话题，也没有发生各种长期关系中容易出现的状况。我们知道，身边有一半的伴侣已经分开，三十五年的婚姻就像是一件遗物！当你说起婚姻已经有三十五年时，人们几乎想要献上掌声。但长寿的婚姻并不是成功的唯一标志。我们都倾注于这段关系，给予它理解。我们明白，对方需要新鲜感，需要新体验，需要冒险，需要进行舒适圈之外的新尝试。这不是必需的，但对于我们俩，这是重要的——一段持续成长并保持新鲜感的关系。而创造新体验能带来关系的成长。我们把从与人共事以及研究和数据中看见和学到的应用到关系中。我们会说，"我们应该这样做，这是重要的"。偶尔，我们也会怀疑，真的有必要这样做吗？然而，接着我们会说，"是的，我们真的需要这样"，就像我们会问，真的需要去健身房吗？我们也许可以一至两周不去健身房，再之后，就会感觉不对劲。去了健身房后，我们何曾后悔过？当我们做了对关系有益的事，表现了我们对于关系的在意后，我们何曾后悔过？没有，从来没有。

娜塔莎·伦恩：关于爱，哪些是您希望自己早先就能明白的？

埃丝特·佩瑞尔：我会对年轻的自己说什么？脚踏实地。要知道，这并不只关于你要找到一位怎样的伴侣，这也是关于你想要成为怎样的自己。爱并不是一种激情的状态。它是一个动词。它包含着行动、表现、仪式、实践、交流、表达。它是对自己的行为负责任的能力。责任即是自由。

有时，它令人惊讶，我们称之为爱。某一天，你会想，我受够了，我要离开，我忍受够对方了，一分钟也不能多待。第二天，当你醒来，捏捏对方，也许会说，"我真高兴能与你一起醒来"。这很奇怪，感受起起伏伏，它真的十分复杂。所以，投资它。学习关系，不要只学习其他课程。如何相处是需要学习的一种技巧——这不是天生的。

友谊的季节

"握住你的手并说错话的朋友,比远离你的人更珍贵。"

芭芭拉·金索沃(Barbara Kingsolver),《土桑的高潮》(High Tide in Tucson)

我和丹从普利亚回来一个月后,我收到了两条朋友的消息。第一条,是一张校友的照片,她抱着刚出生的孩子。第二张,是大学朋友十二周大的宝宝的扫描照片。两张照片都让我皱眉头,后者尤其如此。它看起来如此像我们自己孩子模糊的黑白扫描照,它曾经许诺给我一个世界,却迟迟未兑现。当我最早打开它时,我以为自己会呕吐。我知道,这听起来很戏剧化。我当时也觉得这又傻又不可思议。我真心为我的朋友们感到高兴,而且我知道生宝宝这件事并不罕见。别人怀孕并不会影响我是否将会、是否能够怀孕。然而,每一次我打开手机里的宝宝照片或者别人的怀孕消息时,我都会吓一跳。不仅因为我们第一次怀孕后的一年内朋友们很容易就受孕了,或者他们抱着的孩子和我们的孩子本该差不多大——如果他(她)还活着的话,还因为我无法为他们的好消息感到纯粹的快乐而产生负罪感,而他们的好消息是我向往的。对于第二条消息,我回复道:"这真是太棒了!"但这句话在屏幕上看起来既言不由衷,又十分勉强。对于第一条消息,好几天，我都没有回复。就这样，我的忧伤在这些时刻剥夺了我们友谊中真实的部分，而这一部分一去不复返。

这些感受让我提出了一些令人不适的问题：我还能找到方式，与怀孕或有宝宝的朋友们相处吗？假如我不再可能有孩子，而朋友们都忙着养育，我还能拓宽自己的生活空间，结交新友吗？在挣扎着回答这些问题时，我给菲利帕·佩里写了信。她承认有孩子后会让友谊改变，正如你很想要孩子却无法怀孕也会改变友谊一样。"这令人忧伤。"她回复道，"这时，一些朋友不可避免地分道扬镳了。有时，会重新联系上，而有时，分开是持久的。但因为你爱着自己的朋友们，想和他们亲近，我想你会穿越误解的重重谜团，找到弥合关系的方式。你和朋友会保持沟通，有时，它令人痛苦，但如果朋友知道你的处境，你明白他们的理解，你会开始更能喜爱他们的孩子。"她也提醒我，尽管年轻时，我们对彼此全盘托出，但当我们年长后，一个朋友无法承受我们所有的分享欲。因此，为了感觉到被理解，我们要对不同的朋友倾诉不同的内心故事。她是这样说的："有共同历史背景的朋友的确非常珍贵，然而，新朋友迟早也会变成老朋友。"我记下了两个经验：（1）新朋友很快也会有共同的经历；（2）尽管人生的经历会让老朋友分道扬镳，但总有保持联结的方式，只要你愿意尝试。

访问大学朋友珍时，我想起了第二个经验。十八岁时，我们的房间仅隔着两扇门，我们的生活紧密相连。我记得她眼线的牌子（贝玲妃坏女孩），记得直发夹让她的头发变平顺的声音，记得她的飞行员牌抹胸，以及她的温暖。当我们在伦敦得到第一份工作时，彼此相距两条街，我记得她的衬衣和袖口，她的黑莓手机，她的高跟鞋踩在人行道上的声音。我们一起通勤时，在瓦莱丽蛋糕店小餐一顿时，不停写邮件时，下班坐在厨房餐桌边时，我们的日常对话使我学会了在另一个人身边完全做自己。曾经，珍对我说我需要克制自己，这句话去年我在一次团队治疗中才想起，那时我意识到，她早就看到了我身上的一部分，而这部分我自己在十多年后才感悟到。如果你告诉我，之后我们每年只见彼此几次，我很可能会认为我们的友谊会结束。而直到快三十岁时，我才明白有时旧的友情像生长中的植物，花盆已无法承载根系：它们仍有生命力，仍在生长，但需要更多的空间存活。我们也需要更多的空间去容纳更多的人和经历。

收到大家怀孕消息的那一年，我和珍在她家度过了一个珍贵的下午，和她的宝宝一起。很快，她的两个儿子从学校回家。这时，我感受到了一段长期友谊中苦乐参半的滋味。我看着她忙个不停，她是三个孩子的好妈妈，我在心里想，自己是否还有机会成为母亲。然后，我看向孩子们的脸庞，感觉到自己并不认识他们。这是一种奇怪的感觉，意识到占据她人生中心位置的三个孩子对于我是陌生人，正如我对于他们也是陌生人一样；这提醒着我，我们对于彼此的了解存在空白。一直以来，也许我都忘记要寄送一张卡片，或者准备一份礼物。但这一刻，对孩子们的爱意突然在我的内心涌现出来，这既奇怪又出乎意料。我并不了解他们，但我希望他们开心，感受到被爱，感到在这个世界上是安全的，因为我与生育他们的女性的生命有过重合。我那时理解到，老友们无须一直都在彼此世界的中心才能爱彼此。

为了维持友谊——旧朋友和新友谊——我想我们需要学会何时去接受彼此之间的距离，何时努力去修复关系。到人生的这个阶段，我周围的朋友，已有人失去了父母、经历了离婚、完成生育、面对过家庭创伤、开始并结束过关系、与抑郁做抗争……而我们只是处于人生的中段。没有人的人生是静态的,已成为日常生活一部分的友谊也许明天就会离我远去,而此时天各一方的友人也许又会相互靠近。尽管我们认为应该在中学、大学、工作中,或任何我们能遇见新人的地方结交朋友,但终有一天,我们会离开这个拥有共同记忆的地方。我们相互交换的衣物不再合适。我们的话题,也从大学时心仪的男士转为日益衰弱的性欲望,或是如何照顾生病的家人。假如一旦我们与对方的人生不同步,我们就放弃这段友谊吗?那在人生尽头,我们也许会发现朋友所剩无几。

一些友情也许会不可避免地完全消失在我们的生活中。而其他的,我们需要允许自己和对方经过几个月或几年的时间消失在彼此的视线中,也许这也是一种爱的形式。理解到这一点,我就会放自己一马,我在参加宝宝的第一个生日派对,或去看望朋友家新出生的孩子时会不可自抑地滑落到忧伤中。我甚至允许自己提前离场,如果真的需要的话,我明白爱我的朋友会理解我的告辞并不意味着我不爱他们。

现在,我认为友谊是一根线,牵连着自己和另一个人。有时,我们过于拉紧它,朝自己的方向猛拽,超过了彼时对方能够给予的限度,那样绳索会变得紧张、不堪承受、过于紧绷。也许会断裂。但如果我们可以稍稍放手,让绳子在中间变得松弛,它会给予我们更多的空间靠近或走开。我们无须每天感受到它的存在,但当我们想要回到彼此身边时,它仍在那里。

没有一种有意义的关系可以轻而易举地始终如一。即便是最亲近的朋友也会忽视或误解彼此,说错话,当人生的不同阶段将他们拉离彼此时,感受到被改变所拒。问题并不是如何避免所有的过失,而是如何一直对彼此说出真相,不管发生什么。毕竟,正如苏西·奥巴赫

（Susie Orbach）在之前的访问中所说："成长的一部分是学会失败，放弃夸张，不要把自己当作世界的中心。你是自己世界的中心，而不是整个世界的中心。"这是我在努力怀孕时所忽视的事实。直到今年年底拿起电话时我才意识到，我一直无视朋友们的挣扎：作为母亲的孤独，或者关系的崩裂。我迷失于自己的问题中，以至于无法跳出来看到别人的问题。

的确，我们都需要朝夕相伴的朋友。但我想距离稍远的朋友之间也需要将友情坚持下去，即便我们感受到亲密无间已经不在。生活不断从我们身边把人带走。我们与之分享一切的丈夫或妻子也许会早于我们离开世界。每天见面的朋友们会移居到新的城市，甚至是新的国家。身边的同事换了新的工作。父母早逝。当任何一种——或所有情况——发生时，我们也许会感谢自己容忍了手机群聊以及日常见面的庸常；在我们不那么需要友情时，所有这些小姿态让它得以存续，从而当我们需要友情时，它才能存活下来，温暖我们。这不应该是为友情努力的唯一动力——毕竟，这是一个自私的动机——但是当我们缺少睡眠时，工作忙碌时，当对友情放手是更容易的做法时，时不时地想起这一点是有益的。如果有一天，与一位了解我们历史的朋友漫步在公园里，在四月的阳光下，我们想到了一件傻乎乎的事，一起开怀大笑，这也许会以某种细微的方式拯救我们，或拯救对方。

今天，我珍视新友情，它们——在我生命的这个季节里——陪伴着我，是鲜活的，但我同时在旧友情的距离中看到了它的力量。因为即便存在距离，你们也能感受到彼此之间的亲近。当你——或对方——的小举动让你们觉得虽远隔一方但仍心意相通，这就像是一道由你射向他们的亮光。一天清晨，淋浴时，我因为例假来临受孕失败而哭泣。后来，我打开抽屉穿上了玛丽莎送给我的袜子，上面绣着"go go go"（冲冲冲）几个字，我感受到她在鼓励我迎接新的一天。珍有次突然写信给我："我只想告诉你，我知道你肯定会成为一名母亲。要对我的信念有信心。"当我发给她这本书最初版本的封面时，她回复道："这个颜色让我想起了你的旧款口红。"往昔印上心头，我们为人所知。

对于所有人而言，我们都会遇到友情中产生距离的情况，那时，撤出关系似乎是容易的选择。也许如果决定完全放弃，我们会更有掌控感。保持镇定，相信彼此之间仍有爱意，接受对于彼此认知的差距，仍付出努力，这也许更为艰辛。若能做到，将会收获最为珍贵的礼物：无论发生什么，我们会发现爱仍在你我之间熠熠发光。

*

在本书的第一部分，与坎迪丝·卡蒂-威廉姆斯一起，我们探索了女性友谊中的浪漫。为了给予这种形式的爱所应得的尊重，我知道，像对待爱情一样，我也需要面对友情中糟糕的一面。所以，让我们来聊聊嫉妒。

我不知道该如何向朋友们表达我不适的感受，甚至不知道我是否应该表达。但我知道苏西·奥巴赫应该会有答案。作为一名心理治疗师，她用了四十多年的时间探索客户的内心世界——包括著名的戴安娜王妃——苏西被《纽约时报》评价为"也许是自弗洛伊德之后，在英国设有躺椅的最著名的心理分析师"。在心理分析工作和在她的书〔从《身体》（*Bodies*）、《肥胖是女性主义问题》（*Fat Is a Feminist*

Issue)到《心疗》(*In Therapy*)]中，苏西直切要害，阐释我们已在经历但却不自知的恐惧、欲望、不安全感、希翼和真相。她的作品中关于嫉妒的论述，尤其是《女性之间：女性友谊中的爱、嫉妒和竞争》[*Between Women: Love, Envy and Competition in Women's Friendships*，她与朋友路易丝·爱森堡（Luise Eichenbaum）合著]一书，让我觉得有必要给她打个电话，坦诚地聊一聊友情的复杂性。我们的对话并未带有过多情感色彩，而是探索了友情的二元性——它的酸楚和甜蜜。

理解友情中的嫉妒
与苏西·奥巴赫的对谈

娜塔莎·伦恩：对于友情而言，当我们经过人生的不同阶段，关系改变时，我们会感受到被拒绝或被抛弃。那应该如何滋养友情，使它安然渡过冲突呢？

苏西·奥巴赫：人生的分岔会成为友谊的考验，比如说，一方在工作中非常成功，而另一方则成绩寥寥。孩子的问题也会成为分歧。有时，你会经历重大改变所带来的创伤，而友情却能往好的方向发展；但其他一些时候，友情可能恶化，成为让人心痛的损失。你亲近对方，而他们的新朋友、新关系或新工作却让你觉得自己被排斥，这意味着你从这段关系中退出。渐渐地，你给对方打电话或发信息的次数变少了，不久之后，你不再出现在对方的人生中。在那种情况下，需要弄明白你是否希望对方出现在你的生命中。如果答案为是，你需要向对方靠近，重新开启友谊。

挑战总会一直存在，当我们非常熟悉对方时，改变让人觉得是一种威胁，这一点与爱情是一样的。假如友情是牢固的，你们会允许彼此以新颖或意料之外的方式发展自己，而非执着于旧模样。有时，这意味着你需要告诉朋友，"事实上，我现在不再这样看待某某事了"，而不是让他们基于共同经历对你的性格进行臆断。如果我们忘记告诉对方自己真实的模样，或去了解对方的样子，友情或爱情中的爱意就会走偏。朋友之间有责任持续地了解和接受对方当下的样子。

娜塔莎·伦恩：朋友有好消息，我们会由衷地高兴，也会感到嫉妒。我们应该如何接受或处理这些感受？

苏西·奥巴赫：嫉妒只是起点——我们的真实感受更为复杂。如果对方拥有你想要的（比如说，成功、有个孩子，或有个不错的假期），嫉妒将是具体的。但在更深层次上，我认为嫉妒让我们明白，女性对于自己的情感需求或欲望常常觉得尴尬或羞耻。几百年的教化让我们成为今天的样子。嫉妒成了女性理解自己的一种方式：她们将自己想要的东西投射到别人身上，因为将自己的欲望付诸行动似乎是不被允许的。比方说，尽管人们教育年轻的女性应该更为雄心壮志，但并不意味着驱使她们的内在心理架构天然存在。一整套复杂的内心禁忌让女性觉得欲望是可耻的。因此，你投射到他人身上的嫉妒，其实是你内心渴求却无法为自己争取的。它是你自身渴望的指示牌，而不只是表面看上去的嫉妒。它告诉了你，你的内心渴望。

娜塔莎·伦恩：这很有趣，因为嫉妒不是一种让人舒服的情感。为何我们觉得嫉妒比直面自身欲望更容易呢？

苏西·奥巴赫：欲望如此隐匿和禁忌，我们甚至在意识层面无法感知到。你可以反驳说，人们想要变得富有或出名，这些欲望是有形的。但物质欲望与日常对联结和理解的渴望，对被看见、了解、珍视和听见的渴望并不相关。某种程度上，对名望或成功的渴求是种掩盖，它迷惑了我们的双眼，让我们看不到，人其实并不知道该如何接受或承认更底层欲望的事实。表面上，你也许在渴望地位，或某种类型的车，但其实是你渴望自身被珍视。所以，你把自己与朋友或同事作比较。

娜塔莎·伦恩：为何将嫉妒隐藏起来并无益处呢？

苏西·奥巴赫：因为它会化脓。它并不能让你理解到，嫉妒背后隐藏着价值。比方说，咱们是朋友，我羡慕你做某件事情的能力。如果我可以问自己"什么是她能做到，而我无法为自己实现"与内心受困、充满嫉妒相比，我选择告诉你，在X、Y、Z等方面我感到自己能力不足，那样的话，我也许能得到帮助。这做起来并不容易，因为你会有和朋友无法同步的时刻，假如你们一直充满默契的话，这会让人感到嫉妒。关于朋友最棒的一点是——通常情况下——他们都愿意伸出援手。人们都想要给予，而非剥夺。

娜塔莎·伦恩：如果您是被嫉妒的那一方，应该如何接受朋友的情绪呢？那也是让人不舒服的。

苏西·奥巴赫：如果有人和我表达这样的感受，我会回复："是的，我真的非常幸运。"这是真的，人生只是机遇——你出生的家庭或社会阶层——明白这一点很有帮助。

娜塔莎·伦恩：流产后当我努力尝试受孕时，与怀孕的朋友或无法理解我的朋友（即便我并不期待他们的理解）在一起，会变得格外艰难。当我们产生这样的感受时，是否应该从友谊中撤身而出呢？

苏西·奥巴赫：对于一些人而言，若朋友拥有他们想要的，这会给予他们希望，而对于其他人来说，这是一种折磨。我很理解，流产后我深受重创，朋友们不知道如何与我相处。我指的并非亲近的好友，他们当然非常好，而是说我以为的好朋友，他们并没有打电话给我。他们不知道自己该做什么。不知道该如何说"抱歉"是因为缺乏这方面的能力。对于我而言，避开人群并无帮助，但我理解，这为何对于一些人是有裨益的。这当然是合情合理的，只要你明白自己在做什么以及为何这样做。

娜塔莎·伦恩：在某些时刻，我们是应该允许友谊中出现距离，还是应该更努力地去修复它们呢？

苏西·奥巴赫：某些情况下，在一段时间内，你们应该保持一段距离。如果你的朋友是位新手妈妈，除非情况特殊，她会全身心投入到孩子身上——他们睡了多少个小时，增加了多少体重，胃口如何——这会让没有孩子的朋友觉得自己被抛弃了。相反的情况也会发生：一位我熟知的女士在三十七岁后生了一个孩子，她的朋友说："我不想见到你和你的孩子在一起，我也不想知道你孩子的事情。"

当你处于一些转变中，会注意不到发生在其他人身上的事。但我想，年岁渐长，境况越好。你会开始理解到，没有谁的问题是优先于其他人而存在的，它们在艰难的境遇中并行。年轻时，很难看到这一点，因为你第一次经历某些改变，面临着在这个世界上创建自己身份时的诸多难关。当然，你也许会与有相同境遇的人结为新朋友。比如，成为一名母亲后，你仍深爱着自己的老朋友，但因为育儿过于琐碎，有时你仍希望与有孩子的朋友们在一起，做一些单调的事情。这并不意味着你们将会永远是朋友，我不会与校门口遇到的妈妈们成为一辈子的朋友。然而，在那些情形下，她们非常重要，也十分可爱。

当经历一些改变或成长时，你不再对一些朋友感兴趣，也许因为你们不再并肩受难，兴趣、政治立场或情感没有足够交集。我不认为我们应该为此感到羞愧。

娜塔莎·伦恩：为了在这个阶段增加空间，我们应该允许友谊中出现分离、自我依赖和独立，正如爱情中所需要的那样，并理解到，朋友无法满足我们所有的需要？

苏西·奥巴赫：的确，我想有分离感的联结是我们在友谊中所需要的：当两人既分离又联结时，他们可以感受到自己是完整的。这是抵制过时的竞争世界，并学会承认我们自身的个体感受，无论它是如何不堪。这是承认我们在这个世界的体验不同于彼此，而不仅仅是在寻找相同之处。我们探讨过的很多负面情感会在友谊中出现，因为女性在这个世界渴望有空间发展自身，追求想要的事物，做到独立自主。当她们爱护和支持彼此而不是互相竞争时，事实上便可以朝这些目标更近一步。她们可以互相支持彼此的决定（是否成为一名母亲；是否把工作放在首要位置），可以共情于彼此不同的处境（比如，单身或者已婚）。当朋友们这样做时，她们可以看到彼此真实的样子，并同时在关系中具有安全感。

娜塔莎·伦恩：假如这是我们的目标，那应该如何做到与朋友分离时又与他们相连呢？

苏西·奥巴赫：我们的文化使其变得艰难，每个人似乎应该一直保持开心，但这并不是我们真实的样子——我们拥有多种情感。对我而言，这意味着要放弃幻想一切始终都不错或很棒，从而找到一种更为真实或复杂的方式谈论我们的感受。我们需要停止假装我们的生活是完美的。那样的话，说出"我很为你高兴，但现在我在经历很艰难的时刻，所以这对我而言不容易做到"才会容易一些。此时，我想外在期待我们为人处世的方式意味着，亲密好友之间也缺乏足够空间来分享全部情感。为了能同时分离和联结，你需要做到这一点。能理解到友谊包含希望、悲伤、爱意、失望、冲突、欢乐等是非常重要的。

娜塔莎·伦恩：我们的生活在社交媒体上曝光增多，这是否让友谊中的竞争问题变得严重了呢？

苏西·奥巴赫：肯定，匿名使它更为不真实。线下与某人的接触会敲醒你的幻想和投射，你会发现真实的对方既慷慨又深思熟虑，或者对方有自己的恐惧和脆弱。而从照片墙（Instagram）的帖子上是看不到这些的，因为那是一种虚构。

娜塔莎·伦恩：关于爱，哪些是您希望自己早先就能明白的？

苏西·奥巴赫：爱存在多种形式。对朋友的爱、对子女的爱、隔代的爱、对伴侣的爱、对工作的爱、对烹饪的爱。我希望自己事先能知道这个字的博大，它是如此广阔，有如此多样的表达，人们相互之间可以给予这么多的日常慰藉。

*

苏西告诉我，共同的经历既可以是美丽的，也可能让人受挫。这意味着，故友之间有共同的往事可以叙旧，可以看到彼此不同的模样，而新友无法做到这一点。但这也意味着，当我们改变时，故友不一定能理解我们不再是上个月、去年，或十年前的那个自己。我们也无法这样期待他们。我们应该主动告诉朋友我们是谁，并对他们今天的模样怀有好奇心。

有时，也许持续的对话中应该包括分享痛苦。说出，"我为你在事业中取得的成就感到骄傲，但有时它让我想起自己在工作中的挣扎"，或者"看到你对自己的伴侣关系非常满意真让人惊喜，但我常常觉得在你的人生中已不再对我留有空间"，再或者，对于我的情况而言，"我喜欢看到你家宝贝的照片，但它们也让我觉得无法怀孕真令人伤心"。苏西让我意识到嫉妒并不仅仅因为想要别人所拥有的。真实情况是，它产生于害怕被落下，以及对孤独的恐惧。

友谊中的正直也包括意识到我们极其幸运，并向处于人生困境中的朋友伸出援手。这不会轻易发生。我们需要让它发生，怀着耐心、努力，以及放下自我。如果能够做到，我们也许会看到友谊中的奇迹：

它提醒着我们并不孤独,尽管生活似乎使我们分离。

*

三十多岁时,我开始意识到自己对朋友们认识不足,正如我在珍的家里所意识到的那样。十五年前,我知道她们床头柜抽屉里放了什么,使用哪种除臭剂,车里哪些CD刮痕太多以至于得跳着播放。现在,我不认识她们的孩子,记不清孩子们的年龄。她们手机里面的歌曲对我非常陌生,我和她们的伴侣也只是一种礼貌的点头之交。我们对于彼此的了解悄然从友谊中溜走,而我几乎没有注意到,直到它们荡然无存。

正如我从苏西那儿了解到的,分离是成长的一部分。我想知道,当朋友们不再住在同一间公寓、同一座城市,不再把彼此放在同样的位置,那剩下的亲密关系是怎样的呢?以及为何向最了解我们的朋友开诚布公,感觉像是一种脆弱的行为?为找到答案,我与多莉·奥尔德顿(Dolly Alderton)进行了交谈,她是一名作家、记者和播客主持人。

在她的《星期日泰晤士报》畅销回忆录《关于爱我所知道的一切》(*Everything I Know About Love*)中,多莉将她的女性友谊演绎成了一个爱的故事,成千上万人都能产生代入感。它所捕捉到的东西,在其他书本中鲜有出现:两个朋友之间存在强烈的亲密感,忠于彼此。多莉不仅在工作中,也在人生中摸索着友谊的深度——不论是在写报刊专栏时,还是在餐厅坐在你的对面时。还有谁比她更适合聊聊在友谊中,保有和维持爱意所带来的挑战和馈赠呢?

友谊中脆弱的美
与多莉·奥尔德顿的对谈

娜塔莎·伦恩：读了您的回忆录后，我心里的一部分开始觉得忧伤，我想起了自己二十多岁时的迷人岁月，当时友谊既浪漫又强烈，而这段岁月已一去不复返。在我三十多岁时，友谊发生了改变——有人生了孩子，有人父母病重，有人搬走了。您是否也注意到了从写这本书到现在，身边的友谊所发生的变化？

多莉·奥尔德顿：肯定是的。写书时，我是二十八岁。在三十多岁、四十多岁、五十多岁和六十多岁历尽千帆后，女性们会赞同地说，我们相信，当你对自己生命中的女性说出赤忱的誓言时是真心实意的。但当时你才二十八岁，朋友们都没有孩子，住处最多间隔三站公交车，给出承诺便很容易。告别二十多岁，很快，你们友谊的小船会遭遇艰难险阻，这让彼此间的联结以及脆弱感面临更多挑战。菲比·沃勒－布里奇（Phoebe Waller-Bridge）曾说，二十多岁时，你在琢磨自己是谁，当你雕琢出自己的模样后，也减少了与他人的分享，因为风险会变大。我想这是事实。年轻时，你在探索自己心仪的工作、自己的政治立场、在世界上想要居住的地方；摸索时，一群兄弟姐妹与你相伴。你在团队中塑造自己的人格，或依靠自身塑造人格。三十多岁时，你开始宣布自己定格后的模样，"我将住到郊区"，或者"我将成为一位全职妈妈"，或者"我想再学习，开始一份新的职业"。

你的人格更固定了。你需要捍卫自己的样子，改变为时已晚。一旦你对外宣称了自己的样子，再说出"我不知道我的婚姻是不是对的"或者"我不知道我的工作是否让我快乐"似乎是一件危险的事。与密友在真实和脆弱的关系中承认这一点，在某种方面是吓人的。二十多岁则是另一种情况，彼此的一切都是流动的。出于这些原因，让他人进入你的生活、让自己变得缺乏把握或脆弱似乎越来越难。这更像是一种潜在的威胁。

娜塔莎·伦恩：另一个变得更难的原因，是缺席了彼此的日常生活？二十多岁时，你无须向朋友们更新你的日常——他们目睹了一切。年岁渐长后，向朋友们更新自己的生活会变得困难。比如，我最近才意识到，尽管我与大学同学非常亲近，但我不了解她们的孩子，我认识她们的先生，我们还年轻时他们遇见了彼此，而她们并不认识丹。对于彼此，我们的生活中有一大块是盲区。

多莉·奥尔德顿：正是。之前，你们的生活细节彼此渗透，你知道让对方胀气的食物；而现在，你们一年只见几次面。孩子也是一件有趣的事，文化叙事会让三十多岁有孩子的女性和三十多岁没有孩子的女性分为两个阵营。我与身为人母的密友们的关系发生了最大的变化。即便从文化层面来讲，在最新的学术认知上，我们并不认为养育子女是女性人生的头等大事，但这个想法仍根深蒂固。长久以来，这是女性在这一人生阶段的最大成就。这一想法难以抗争，我认识很多单身或无子女的女性——或两者皆是——与有孩子的女性结交朋友时，会在某一个时间告诉我，"我觉得她不认为我的人生和她的一样重要"。难处在于，母亲这个身份被神圣化了，在女性生命中，这个角色给女性身体、心理、家庭和职业带来了巨大变化，我们经常被告知，"没有孩子的人无法想象这一切"。如果我有朋友在经历这些，作为爱她的朋友，我应该尽可能多地给予同理心，因为这是她应得的；她将经历自己人生中最疯狂的阶段。而问题是，这样的关怀鲜少被给予没有孩子的女性。

继而会产生不平衡和挫败，我们接纳变化发生在有孩子的女性身上，但我们无法同样理解没有子女的人，以及她们人生中发生的巨大改变、调整和恐惧。这是困难的地方，孕育子女和没有孕育子女的女性友谊通常会朝这个方向变化：无子女的女性需要给予成为母亲的女性们大量时间、尊重和体贴，而通常没有回报。

娜塔莎·伦恩：的确，在某些时刻，当我们努力尝试怀孕时，我不得不避开已为人母的朋友。当我后来和这些朋友聊天时，我意识到，尽管她们的生活乍一看似乎是我想要的一切，事实上她们也有自己的挣扎，只是当时未曾倾听。

多莉·奥尔德顿：对此，你可以被原谅，对于一位异性恋的女性，我们通常听到的故事是：经历结婚、生育，你的问题就会消失。对于很多人，这是一种有害的迷信。我与一位有两个孩子的妈妈聊天，从外表看起来，她具有我想要的一切。我觉得她能看出，在内心深处，我对于能否遇见一个人并组成家庭感到焦虑和恐慌。她告诉我，"过好和享受眼下你所拥有的美丽人生。它太珍贵了，你不知道我多么渴望能一早醒来写作五个小时不受打扰"。虽然是老生常谈，我想关键是，女性一旦有了孩子后，一切有时会变得痛苦、有压力、透不过气、厌倦和孤单。但若无法拥有一个渴望的家庭，也是同样痛苦、有压力、透不过气、厌倦和孤单的，这也是一个基本真相。不能说一种比另一种更为痛苦或艰难。一旦我们不再问自己，我们应该为谁感到悲伤，或谁的决定最好，而只是允许这些伤痛存在呢？我想，那是在友谊中保持亲密感的关键。

娜塔莎·伦恩：在人生的某些阶段，有时，你与不同人之间的友谊会重叠，有时，它们不会有交集。也许，在故友面前变得脆弱的同时，你也需要新的碰撞，结交新的朋友？

多莉·奥尔德顿：是的，现在的我和曾经写回忆录的我相比，最主要的区别是曾经我害怕被抛弃、被丢下、形单影只或不再被爱。二十多岁是一段充满焦虑的岁月，我用十多年来适应父母不在身边的事实，用那段时光在友谊中为自己创造了一个替代家庭，这意味着我可以外出，享受疯狂、冒险和刺激，充满创意和浪漫，而我也总有归处。但其实，这并不是朋友的义务。

现在，对于朋友和我多久对话一次或见一次面，以及她们与伴侣在一起的时间相比和我度过的时间长短，我变得更放松了。我深陷在她们对我的爱中，安全、珍贵且牢固。我明白，爱需要努力，但它是长久的。真正的友谊需要对彼此都放轻松，生命潮流会带你去向不同的地方，在不同的点，你们都会找到重返友谊的方式。

二 如何维系爱？

娜塔莎·伦恩：在某种程度上，就像在爱情中，你需要承认友情中的对方无须对你负责。但是，允许关系中存在距离便需要你放弃某一种友谊。失去了它，我们会不会收获其他？

多莉·奥尔德顿：你开始感受到友谊的持久，这令人极其感动。我的大学闺蜜们，某些时刻会让我觉得，她们虽然是我当下生命阶段的朋友，但其实从青少年时期就认识我了。认识到这一点是一种收获——尽管年长后友谊会发生变化——似乎你是在收获，而非失去。三十多岁时，我经历了一次分手，第二天给女性朋友们发消息说："昨天夜里我们分手了，我感觉糟透了。"我的朋友们很显然建了一个小群，互相确认，谁今晚有空，就像情感急救室。其中三人让我去一家鸡尾酒酒吧。在我到达前，她们就已入座，坐下时，我眼前已经有一杯冰镇的伏特加马提尼。我说了一声"你们好"，就泪流满面了。十六年前，我第一次为一个男孩落泪时，也是同一群人给予我建议和安慰，这令人感动。建议与往昔不同。我们也与往昔不同。但爱仍然存在。年岁渐长，它更为深邃。

娜塔莎·伦恩：关于爱和友谊，哪些是您希望自己早先就能明白的？

多莉·奥尔德顿：年轻时，关于友谊我们认为，假如一切保持原样，那一切就很好。成年后，事情一直在发生改变，我们需要跳出这一禁锢的思维方式。事实上，改变不仅意味着生活进展顺利，也是一个不可避免的事实：一切永远在变。

我希望能去到二十五岁时的自己身边,告诉她,在人生的长河中,友谊的形式会发生很多次改变——这很正常。我曾抗拒改变,这对我的朋友们肯定造成了压力。我很可能要求她们保持在某个样子,或让我们的友谊固定在某种互动方式上,因为于我而言,恒定不变意味着它是成功的。现在,友谊鲜少有让我心慌的地方:有人要搬去世界的另一边,有人要结婚了,有人说自己要离婚了,有人告诉我自己怀孕了。没有什么会威胁到我对亲密友谊的信任。这是一处美好之所。

*

"一切陪伴,"里尔克写道,"只是加强了两个相邻的孤独灵魂之间的联结。"现在,我能看到,他的话既适用于爱情,也适用于友情。我学到,对于两者,你都不能期待另一方承担起你所有的需求。我们向对方哭泣。我们分享生活、恐惧和内衣。但为了享受到友谊的快乐,我们也应该为彼此的独立留出空间。

在这个难以处理和令人感到卑微的过程中,正如多莉所说,会有得,也会有失。青少年或二十多岁时,我们分享的日常会被不太稳定却同样有力的东西所取代:我们对彼此深入的认知可以承受距离、空间和时间的考验。

为感受到友谊的抚慰,当人生变得艰难时——正如常态——我们需要找到一种方式诚实地袒露我们的脆弱,尽管有时这像是一场冒险。这是我们继续相互走近的方式。也许,只有当我们信赖友谊的牢固不变时,我们才能完全欣赏到它不同层面的丰富。生活改变。爱意永存。

它拥抱着我们。

*

尽管我非常渴望成为一名母亲，我仍在想，为人父母也许会对爱提出新的挑战。丹和我分开睡的无眠之夜，宝宝坐在我的腿上啼哭不已，或许让我无法集中精力和朋友们煲电话粥。我也许不得不放弃——漫无目的的周日散步、和朋友的即兴畅饮、规律的性生活、床上的阅读，其间，自我会被吞噬，至少被改变。我想知道，假如选择成为父母，我们如何确保对有意义的工作、友谊和爱情仍留有空间？我们可以——以及应该——保护哪些自我，以及放弃哪些自我？我打算向小说家黛安娜·伊文思（Diana Evans）提出这些问题。

在她的写作中，尤其在优美的小说《普通人》（*Ordinary People*）中，戴安娜研究了家事对于女性生活和自我意识的影响。在此前的一次采访中，我得知了保留自我特征——作为女性、作为朋友、作为作家——也是她在个人生活中所抗争的事，即便在成为两个孩子的母亲后。这并不容易，但她知其重要性，所以一直护守于此。我想知道她是怎样做到的。

戴安娜对于为人父母琐碎不堪的部分十分坦诚，但她也动情地讲述了父母之爱浓烈的部分，以及它与爱伴侣、爱挚友、爱双亲的区别。她不仅考虑到孩子的人性，也考虑到身为父母的人性。

我们的对话使我第一次接受了为人父母的多样性：它的乏味、它的美好、不断的牺牲、转换的礼物。这也是第一次，我允许自己期待，也许有一天我会成为好母亲，即便把他们带到这个世界上会要求我做出一些牺牲，让我心生怨气。

为人父母如何改变了爱
与黛安娜·伊文思的对谈

娜塔莎·伦恩：我知道拥有自我、为工作腾出空间对您非常重要。而一位妈妈要做到这些，将会面对哪些挑战呢？

黛安娜·伊文思：对于我，成为母亲最大的挑战之一是，面对从你而来、改变了你生命维度的孩子时，要努力保留自我意识、身份和独立性。有时，我觉得自己想要探出水面吸口气，除了为人父母的要求外，我在努力活得像自己。有了孩子后最大的调整是，你的人生不再属于你。我曾经说，写作是我生命中最重要的事，我曾绝对相信这一点。但有了孩子之后，我再也无法这样说了。渐渐地，这句话变成了：事实上，孩子们是最重要的，而我应该如何妥协呢？为人父母和表达自己作为完整、独立人类的需求，应该如何共存呢？这曾经很难，但写作帮上了忙，它为我创造了一个独处空间。

娜塔莎·伦恩：孩子一旦出生，他们就自动成为最重要的事情了吗？还是，理解到这一点是一个逐渐的过程？

黛安娜·伊文思：这是逐渐理解到的。孩子出生后很长一段时间内，我仍然相信写作最重要。过了一段时间，我才完全理解并接受它已不再是头等大事了。在孩子的需求面前，生活戛然而止，他们是你此刻的中心、宇宙的中心。比方说，如果我的一个孩子生病了，那么一切似乎都会在我眼前蒸发，不管我是多么沉醉于写作。

对于孩子浓烈的爱，让我们忍受住了为人父母的重担。缺少它，一切将不可能——至少对于我而言。这是我在孩子年幼时意识到的：为人父母如此艰难，假如你并没有如此深沉地爱着孩子们，便只会一走了之。爱始终给人救赎，并将你拉回当下。当你在极度不满中，孩子会融化你。看到一个笑容，或者看到他们是完整的自己，这些时刻包含着如此多的快乐。突然，一切又在平衡之中。我记得，我儿子三岁时曾和我说："我是你的儿子，你是我的妈妈。"这句话融化了我。

娜塔莎·伦恩：浓烈的爱是持久的吗？

黛安娜·伊文思：它对于我是瞬间的。那时，爱全然拥抱和包裹住你。它似乎具有生命，你可以感觉到，它让世界五彩斑斓，让魔力雾气围绕着你。尤其在成为母亲的前两周或前三周，空气中似乎有一种神奇的感受，来自你的小人类创造了它。我知道每个人的感受不同，但我感受到，它是顷刻的、无条件的，像客观实体一样出于本能。似乎，孩子就是爱的化身。

娜塔莎·伦恩：对于尚未为人父母的人，这似乎是一种服务行为。你为孩子做一切事情，一开始，你的爱没有得到明显的回应——比如说，没人与你对话，或表达感谢。几乎你做的所有事情都是为了让他们能活下去。

黛安娜·伊文思：你所获得的，就是为人父母的使命感。他们对你全身心的依赖意味着巨大的责任，但它将意义赋予你所做的一切，令你觉得自己是不可或缺的。

娜塔莎·伦恩：现在，您的女儿十六岁，儿子十岁，已不再是育儿的最初阶段了。当孩子们成长并有了自己的主意后，父母的爱会发生怎样的变化呢？

黛安娜·伊文思：孩子有了自己的个性后，角色会发生变化，但我认为爱中最有价值的部分不会改变，这使你与孩子们保持联结。最初，母亲的角色是身体上的，孩子们长大一些后，就变为情感上的。当我的孩子们还是婴儿时，有人告诉我，孩子越大，父母的任务越为艰辛。当时，一切已很有挑战，我希望会越来越容易，而不是越来越难。但现在我明白了他们所说的含义。尤其当孩子们处于青少年阶段，父母需要给予情感上的支持，使他们成为有用的人，并有能力充分表达自己。一定程度上，这是你的责任。

芭芭拉·金索沃在她的书《毒木圣经》（*The Poisonwood Bible*）中写到，孩子成长中，你每一次看向他们，就看到了同一个人在人生不同阶段的样子。你看到八周、五岁、十岁和十五岁的他们，所以，你给予他们的爱也充满了各种情感和回忆。这正是我所感受到的：当我看向十六岁的女儿，她婴儿时的样子、蹒跚学步的样子、六岁的样子等历历在目。对于来自你的孩子，你在联结中感受到了强烈的感受，这种感受一直在演化。

二 如何维系爱？　165

娜塔莎·伦恩：因为他们来自您，当您在他们身上看到了自己，而这部分的自己让人沮丧时，您会觉得难过吗？或者他们做的事情让您想起了自己过往中悬而未决的问题？

黛安娜·伊文思：这是我担心的：我传递给孩子们的，以及我努力避免传递给他们但仍然影响了他们的，这一切只是因为我是谁或因为我一直在他们身边。为人父母被要求诸事完美无瑕，面对婴儿时，也许你可以假装自己是圣母，但孩子越大，伪装越难。最终你意识到，需要做自己。养育他们、和他们生活在同一屋檐下、努力支付账单并同时过好自己的生活，只能做自己，别无他法。为人父母时，你要放下向往的形象。你得做自己。女儿十三岁时，我无视他人评价带给我的负疚感，因为我意识到那不是一种有建设性的思考方式。不少书籍是关于父母亲如何搞砸孩子，但孩子对成人的巨大影响却鲜有论述。成年人也是有感情和情绪的人，这一点，孩子们并不同样知晓。当然，我知道父母是照料者，但我想，对于父母的人性以及无论我们如何努力都无法成为任何我们不是的样子，应该给予更多的接受。我们需要接受自己，从而成为好的父母。

娜塔莎·伦恩：这听上去令人疲惫！

黛安娜·伊文思：是，但我热爱成为一名母亲。我真的热爱。

娜塔莎·伦恩：也许，我们很少听到别人像您一样评价为人父母，成为母亲的决定可以是沉重或令人害怕的，尤其当我们理解到自己将要放弃一些人生时。您是如果做决定的？尤其在成为母亲之前，我们永远不会知道事情将会怎样。

黛安娜·伊文思：为人父母成为我本身的一部分，但我仍在努力保有自我意识，因此在另一层面，还留有足够的自我，作为充实的个体而存在。这一部分常常陷入危险，我想对于很多女性，她们的自我意识会逐渐减少。等到孩子长大成人离开家时，她们会觉得空虚，觉得最重要的东西被带走了。我一直有意识地要避免这样的处境。在时间表和日程安排上，我的生活开始围绕着孩子转，我将会怀念孩子给予我的秩序感、体系和停顿。但我希望会有其他让我变得充实的东西，我想会有的。

总体而言，为人父母需要大量牺牲，而它也丰富了我的生活。也许，它发生在了正确的时间，那时我三十三岁，几乎一切准备就绪。第一次怀孕时，我非常惊恐，害怕自己没有准备好。我刚刚完成自己的硕士学位，完成了我的第一本书，我的生活留出了空间。我当时不知道空间有何用途，但我感觉到它是一种信号，回头看时，才发现那意味着我已经准备好了。只是恐惧让我以为自己缺乏准备。

娜塔莎·伦恩：我想，您的书让人产生代入感的是为人父母的两面性，一边是深沉、浓烈的爱，而另一边是琐碎和艰辛。"我并不喜欢为人父母的某些方面。"女性将这句话说出口，是否非常困难？

黛安娜·伊文思：女性会在私下交流，但这通常被降级为"女性谈话"。即使在友谊中，女性对于自己全部的困难也是有所保留的。

社会创造了竞争意识,要求女性应以正确方式履行母职,或以特定方式去感受。但对于我和我的密友们来说,分享感受会让我们联结得更为紧密:那种个性被抹去、自我被侵蚀的感受——不仅是母亲角色使然,还有婚姻和长期关系的作用。当女性允许自己说出来,并诚实地表达自己内心的复杂感受时,她们也拯救了彼此。我的女性朋友们屡次救助了我。

娜塔莎·伦恩:肩负着作为母亲、伴侣和作家的责任,维持友谊对于您来说是一种挑战吗?

黛安娜·伊文思:是的。当你努力维持一段关系、照顾孩子、保证自己工作和职场上的状态时,留给友谊的空间并不多。甚至从逻辑上说,你也没有时间。我曾经和朋友煲几个小时的电话粥,现在却不再有时间了。甚至连见面都变得困难——日程安排不同,有人会搬家。但同时,我与孩提时认识的女性朋友们之间的友谊是最为珍贵的。它们具有一种纯洁性,无关爱情或我为人母的生活。这种友谊创造了空间,让你成为自己,或你以为的自己,或你想成为的自己。你可以全程看到彼此的改变。其中令人欣慰的是,无论你距离自己多远,无论伴侣关系或职业如何改变你,你仍与青少年时认识的朋友们相联结。旧日友谊可以让你记得在这个世界上你是谁,这弥足珍贵。

娜塔莎·伦恩:我们谈论了为人父母是怎样改变了您与自己、孩子、工作和朋友的关系,我也想知道它如何改变了您与伴侣的关系。

黛安娜·伊文思：长期陪伴是人生中温暖的存在，但它肯定会因为我的工作和母亲的职责而打了折扣。我一直觉得自己对于伴侣关系付出得不够，然而我十分珍视它。从积极面而言，为人父母给了我们共同的焦点，这意味着使命感使我们相连。携手创造共同目标是美妙的，看着它茁壮成长、繁花满树，对于孩子未来会成为怎样的人，双方存在着同样的痴迷和好奇。而为人父母会改变爱情，设置障碍。养育和写作都是一种消耗，我也努力地为夫妻关系在时间、情绪和精神上腾出空间。不知道大家是如何同时做好三件事的。有时，在照料好孩子后，我已无力再与伴侣分享我还剩下些什么。但为人父母也会增加你对伴侣的爱意，在与孩子的沟通中，你看到了对方所有个性的呈现。在所爱的人身上看到善良何其美妙，你还看到他们将善良传递给了孩子。所以，父母的身份虽然让伴侣之间产生了距离，但它让双方之间也有一种永恒的羁绊。

娜塔莎·伦恩：您认为父母之爱中最重要的是什么？

黛安娜·伊文思：我学到了，给予孩子最重要的是爱。在我的童年，我并没有十分清楚地知道自己被爱或被珍惜，所以对我来说，要让我的孩子们知道他们被深深地爱着始终至关重要。

*

当戴安娜向我描述能同时看到孩子在不同时期的样子时，我完全明白她的意思，即便那时我还未成为母亲。有时，当我看着弟弟奥利弗时，会产生同样的情愫。在他的脸庞上，我既看到了胖乎乎、蹒跚学步的他在阳光底下的沙滩上眯着眼睛,也看到了他留着锅盖头、反戴棒球帽笑呵呵的样子,还看到了青少年时的他在车库里弹吉他,还有二十多岁的他在父母家的厨房里伴随着《生于美国》(*Born in the USA*)这首歌的音乐跳舞。我见证了他三十四年的人生;他在我三十六年的人生中除了缺席了两年外也一直是见证人。这意味着,和弟弟聊天时,我可以感受到对方所有的往日和今昔。正如作家杰弗里·克鲁杰(Jeffrey Kluger)在他的书《手足效应》(*The Sibling Effect*)中写道:"从出生起,兄弟姐妹就是我们的合作者、同谋、我们的行为榜样和警示故事……相较而言,伴侣出现稍晚;父母最终会离开我们。兄弟姐妹也许是我们认识的唯一真正称得上是人生伴侣的人。"

作为我的"人生伴侣",弟弟也拓宽了我对亲密的认知。我们的爱存在于奇特的、无言的相互了解中,我们无须为保持亲密而分享一切。我不会和他讨论我所遭遇的分手,我怀疑他也并不愿意聊他在关系中遇到的问题,我俩也都没有意愿讨论对方的性生活。然而,即便缺少了这些细节,他总能比任何一个人都更了解我。有时,亲密感是将你的每一处都暴露给另一个人。而有时,它是基于经历,而非言语,比如,我们一起用床单搭建的帐篷,或者我们一起在车库里录制的歌曲。我们一起挨着坐在妈妈的萨博车的后座上,经历了紧张的家庭自驾游;我们在上下铺畅谈,头顶的天花板上有我们一起贴的荧光星星。在这些早年的时光中,我学会了与他人分享我的人生。也是和奥利弗在一起,我第一次学会了打架——为了争抢泰迪熊和乐高,为了赢得父母的关注——也学会了不带怨气地妥协。我也学会如何让对方开怀大笑,以及幽默是何等重要。我们在相互陪伴中学会了如何爱,虽然并没有意识到这一点。

在与很多人的对话中，我曾问道：当你把自己复杂的人生与他人复杂的人生相关联后，是如何做到一路走来不丢失自己的呢？但接下来，我想知道：如果你们的人生从一开始就在一起呢？当你们搬离成长的住所后，如何继续爱彼此呢？你们如何尊重和欣赏共同的过去以及所成为的新的自己呢？我向普尔纳·贝尔（Poorna Bell）寻求答案，她是一名记者，我知道她与姐姐普里雅的关系是她人生中爱的源泉。

普尔纳和普里雅居住在不同的国家——普里雅生活在巴塞罗那，而普尔纳生活在伦敦——她们的人生经历迥异，但仍维持着联系：当普尔纳的丈夫罗伯自杀身亡后，她的姐姐明白她需要的是什么。她们是怎样做到关系如此紧密的呢？通过努力、每年姐妹节假日相聚、日常的联系、关注彼此成年生活的变化和成长。对我而言，普尔纳的回答不仅在手足关系的语境中具有价值，它也提醒着我们，有意识的维护是联结的核心。爱并非必然，即便在家庭中。我们仍需要呵护，让它具有生命力。

手足关系的挑战和抚慰
与普尔纳·贝尔的对谈

娜塔莎·伦恩：您认为手足关系与友谊有何不同呢？

普尔纳·贝尔：作为兄弟姐妹，我们自动就对彼此的生活感兴趣，像朋友一样。我们有着共同感兴趣的事物，一起琢磨，给予建议。我们是彼此的死党。相互给予绝对的陪伴。但手足关系比友谊更为复杂的一点是，你会回到默认的青少年模式。你会变得语气尖锐，或以为自己知晓对方会作何反应，因为对于对方的样子，你有了先入为主的看法。挑战在于，你们在不同的人生节点上都发生了变化，你印象中对方的样子或许已不是他们当下的模样。比如说，在我们年少时，普里雅更为安静，而现在，她更大胆、直率、富有热情。你们认识彼此的时间很久，在塑造期形成了一定的行为模式，这决定了你们之间的相处方式。你也许都不一定清楚地意识到这一点。

娜塔莎·伦恩：和姐姐在一起，您会回到哪一种模式呢？

普尔纳·贝尔：我比普里雅小四岁，也许听起来差距不大，但在孩童或青少年时，我们俩在成熟度上差距不小。年少时，我老是缠着她，现在还是。青少年时，我编了一个故事，我是其中淘气的那一个。无论我做什么，要么是错，要么就不够好，而普里雅就是"别人家的孩子"，从不犯错。现在，长大之后，我明白了这并非真相。这只是我的解读。我知道普里雅是我的战友，而非竞争对手。但那个故事——我感到稍稍落后，或无法成为姐姐那样的人——时不时让我隐隐作痛。并非对方做了什么，而是有一种微妙的感受，我没有被考虑在家庭计划范围内。或者，我仅是次要考虑对象。作为家里的第二个孩子，每个人都认为我跟随着大家的安排就够了。这并非事实，于我而言这是一个敏感地带，我需要让自己避免触及。当涉及家庭时，我想很多人都会不幸地回到这种孩提时期的模式。

娜塔莎·伦恩：在爱情和友谊中，正如之前我和其他人在对谈中所说的，需要时刻更新对对方的认知。我们都在改变，执着于对方的旧模样会在爱中制造冲突。您和普里雅是如何继续了解对方的成年生活的？这是一种有意识的努力吗？

普尔纳·贝尔：我和普里雅的关系仍在持续发展是因为我们都很积极地投入。而这并不费力，我们每天都以某种方式在沟通。不像每月一聚的朋友，你需要在两三个小时内向她倾诉自己的整段人生。因为每天持续沟通，我和普里雅理解彼此生活中发生的点滴。这并不代表我们之间没有误会，而是说我们之间沟通存在捷径。我无须问一千个问题，从而理解她的深层感受，因为我已经知晓和理解了她的一部分。同样，她知道我是谁，也知道我对于某件事可能有的反应。

娜塔莎·伦恩：朋友经常在您人生的某些时刻出入您的生活，然而，如果足够幸运，能与兄弟姐妹拥有亲近的关系，您会知道他们将一直陪伴左右，因为你们的生活是捆绑在一起的。而这是否会让您忽视这段关系，认为它是理所当然的，或对彼此过于严厉呢？

普尔纳·贝尔：与普里雅在一起的一个冲突源，是我们的言辞会比和伴侣在一起时更为尖刻，但我也认为这段关系比友谊更容易修复。假如我们中有人说话变得刺耳，我和普里雅会跟彼此说，"你有些刻薄了"。能有人向你指出这一点是有益的。假如大家都回避冲突的话，友谊的小船就会渐行渐远。人们宁可失去一个朋友，也不愿说出对方可能不想听的话。对于兄弟姐妹，你没有失去对方的选项。当然，也有疏远的手足关系，不过这不同于我们所说的情况。但如果你们的关系很牢固，彼此说话时容易语气偏激、用词激烈，这是因为你们知道关系很容易修复。与普里雅在一起，和解似乎毫不费力，这是我与别人在一起时无法感受到的。

娜塔莎·伦恩：我知道当您接到丈夫的死讯时，普里雅正和您在一起。那时，你俩的手足关系是不是一种安慰呢？

普尔纳·贝尔：当我在电话上得知我丈夫罗伯在新西兰结束了自己的生命时，她陪伴在我的身旁。那时起，我需要有人留心我的举动，保护着我。之前，一直是罗伯在扮演这个角色。但现在普里雅让我感觉身边有一位战士。我需要有人能够理解我，站在我的位置，同时不试图去修缮一切——而她就是那样的人。我不知道自己当时需要什么，而她知道。当然，这不同于浓情蜜意的情侣，如果我说手足关系可以代替伴侣关系，那是撒谎，因为它并没有。我的姐姐拥有自己的家庭，她和先生是彼此需要的人。但我知道，拥有一位斩钉截铁、无论发生什么都能尽可能站在我身边的人，我是何其幸运。

我们的经历——她成为母亲，我失去罗伯——与彼此截然不同。我们无法理解对方的经历，因为自身未曾经历。但我们仍可以通过它们理解彼此。我们仍然知道对方的需要。

娜塔莎·伦恩：这是非常重要的不同点：你们无须理解彼此的遭遇，只需要理解经历了这些遭遇的彼此。我也是这样感受的。当生活中的一切分崩离析时，无论遭遇如何，确信自己被弟弟爱着，让我变得更为坚强。

普尔纳·贝尔：是的。我和普里雅形容我们家就像是一个太阳系，我们在各自的轨道上运行，从中心汲取能量。当我们陪伴彼此时，我们的电池开始蓄能；而分开时，我们会有一块残缺。和普里雅在一起，我可以做自己，这是我在其他时刻所未曾有过的感受。这让我感到和自己无比紧密地联结：我是怎样的人，同时，我来自何处。我们可以让彼此傻乐，回到童年时候的样子。作为成年人，我们会对彼此非常坦诚，这是与朋友们在一起时做不到的。和兄弟姐妹在一起时，出于坦诚，你知道他们会很纯粹地站在你这边。如果你做了对自己不好的事，或误入歧途，他们很可能会坦率直言。有时，这意味着，他们会说出你并不想听的事实。但这也意味着，当他们明确支持你时，你很可能就是正确的。碰到人生的棘手问题时，军备库中有这些支持，是强劲而有力的。

娜塔莎·伦恩：成为小姨有没有给你的人生带去一种不同形式的爱？

普尔纳·贝尔：是的。事先，我并不知道自己会作何感想，但当我第一次把外甥女莉拉抱在怀里，她是如此珍贵和脆弱，为她，我甘愿失去生命，甘愿付出一切去保护她。莉拉并不是我亲生的孩子，但我们家族中有一根维系所有人的纽带，它也牵系着我。现在，她快六岁了，是最可爱的人类，在知晓她的个性喜好之前，我对她已怀有浓浓的爱意。这种感受是原始的，与我和普里雅的纽带紧密相连。这完完全全是另一种形式的爱。

娜塔莎·伦恩：关于维系手足之爱，哪些是您希望自己早先就能明白的？

普尔纳·贝尔：我与普里雅的关系非常牢固，因为我们都很善于沟通。在十几和二十几岁时，对于我们的关系以及姐姐的个性，我有些先入为主的看法，却对她真实的样子缺乏了解。当然，家庭中一直存在某种动态变化，有时让人难以适应，但表达出自己的需求，以及理解到对方为何如此感受，仍值得尝试，即便对方是你认为已有透彻了解的兄弟姐妹。

再一次看见

"爱是我们给予事物的关注。"

J.D.麦可克莱奇(J.D. McClatchy),《爱会说出它的名字》(*Love Speaks Its Name*)

有一天,我在切洋葱时,丹在洗漱。只有广播中的音乐声,炉架上锅里的水在沸腾。为了防止洋葱的刺激让我流泪,他为我戴上了滑雪护目镜。"试着在嘴里放上一把茶匙。"他建议说,我照做了。我戴着滑雪护目镜,嘴里叼着一把茶匙,切洋葱的场景肯定非常搞笑。丹哈哈大笑,我也乐了起来,很快,我们都笑得停不下来了。但在傻里傻气的背后,我突然意识到一件让我既甜蜜又忧伤的事情:某一天,当我们有一个人先离开世界,这将是另一个人最为怀念的时刻——这些普普通通的午后。

为了维系爱,这是我们需要做的一部分:为这样的时刻创造和留出空间。然后呢?注意到它们。感受到它们的易逝、珍贵和新意,即便看似平常。爱是实践,是持续地袒露自身,是你和另一个人之间存在和变化的强大作用力,理解到这些是很有帮助的。为了应对这些宏大的话题,我们应该先从小事入手。而爱就是点滴的小事:紧握的双手、厨房洗手台上的一张便条、一条写着"节哀顺变"的消息、一首推荐的歌、分享的不安全感、多年前你告诉对方的小事被记在心上——比如，桃子上的毛让你起鸡皮疙瘩，或者你不喜欢牛奶，因为小学时，在校车上坐在你身边的男孩有牛奶胡子，不知为何，这让你觉得反胃。

不在场的对方，很容易引起你的关注，他们的缺席让你望眼欲穿。而对于眼前的人，却难以给予关注，他们的生活与你每日紧密交织——假如不留心的话——你很容易忽视他们独立的存在。正如，离得太近，就无法充分领略一幅大型画作的美。

然而，我们都可以锻炼注意力的肌肉，直到更为容易注意到，所有人都会忽视的爱的部分；直到你记得从零开始创造那些时刻，自发地，带着善意；直到你不再大大咧咧地看待朋友、爱人或家人，而是近距离"读"他们，就像一个永不完结的故事。你无法控制这个故事的情节，或重写，或画上句号。

不过，当你更为留意时，也许能敏锐地感知到亲密关系尖锐的棱角：双方的不足、错误、积攒和隐藏起来的小小怒火（在以后的日子里将此用作打架的武器）。曾有这样的时刻，虽然鲜有发生，我看着丹，感到了满腔怒火，这让我忘记了所有的爱意。正如有一次，我们去朋友家参加彭斯晚宴。我们都醉了，他醉得更厉害。过去六个月中，我们都在减少酒精的摄入量——依照激素专家的建议——当我们喝威士忌、吃苏格兰羊杂布丁、忘记了高蛋白饮食，并接受第二天会发生的宿醉时，显然已经接受了这是一个"管他呢"的夜晚。这本该是个有趣的夜晚。而事实并非如此。无缘无故地，我们开始激怒彼此。丹的嗓音越来越响，夸夸其谈，逗乐大家。别人都觉得他很有趣，而我觉得他是在卖弄，举止无礼。一位女性——单身——坐在他的身旁，是他心仪的类型。他知道我明白这一点。即便他没有和她搭讪,我们对这一点的共同认知也会让我们关系变得紧张。若相同的情况发生在另一天,我并不介意谁会坐在他的身边。我并不介意他是否爱出风头,我也会跟着乐。我们会吸引对方的注意力,他会冲我眨眼,我会意一笑,就像一句心电感应的"我爱你"。但鸡尾酒带来的荷尔蒙、酒精、细枝末节,以及对孩子的渴望带来的生活压力,让我们之间剑拔弩张。我们喝得越来越多,也更激怒对方。我想要回家,而他仍意犹未尽。最后终于结束时,我们之间发生了一次前所未有的大争吵——不知所谓,却又关于一切。在酩酊大醉中,他对我出言不逊。而醉醺醺的我,对他充满恨意。我想要伤害他,行动上也是这样做的。丹在脆弱的时候和我分享过一段他的痛苦回忆,而我利用这段回忆攻击他(这提醒我们,亲密有时候会让我们伤害最熟悉的人)。

第二天早晨,我们尝试着小心翼翼地从愤怒回归理智,并找到了回到彼此身边的方式。我们之间的紧张气氛就像冰块在炎炎夏日里融化了一样。我们谈论在争执中真正发生了什么和我们各自版本的故事。正如作家桑德拉·纽曼(Sandra Newman)曾告诉我的,争吵之后,重要的是你俩对于真相的认知没有出入。"我想这才能使关系得以长久维系。"她说,"如果你们能够理解彼此看待现实的视角,而非视而不见;如果你们能够做到坦诚,而非藏着掖着,即便这会令自己不悦。"

在这些渺小的时刻——欢快随意的周日午后、痛苦的酒后争吵时——我们拥有选择。在令人开怀的瞬间,我们会忽视美好,还是会有意识地活在当下?在痛苦的时刻,我们是否觉得与挖掘令人不适的真相相比,终结对话更为容易?我们是否能够重坠爱河?(即便这发生在第二天清晨。）想要维系任何一种关系，这都是我们需要自问的。不仅因为，假如能做到，我们便可以达到相爱的状态，也是因为，爱存在于行动中：关注、原谅、反省和努力尝试。

努力尝试将爱意表达出来。最近，埃丝特·佩瑞尔的话语不断在我脑海中翻腾。"如果你告诉我，'我很在意对方'，那我第二个问题就是：'你会如何表现出来呢？'光有感受是不够的。"因为这句话，在妈妈生日时，我给她做了一个奥图蓝吉（Ottolenghi）蓝莓蛋糕，尽管我并不擅长烘焙；因为这句话，在第一次新冠肺炎疫情封锁、我们需要分开一个月时，我在邮局给丹寄了一封信；因为这句话，我给上学时结识的朋友卡罗琳寄送了一本书，没有别的缘故，只是因为我觉得她会很享受和女儿一起阅读。这一直提醒着我，意愿是不足够的，即使朋友、家人和伴侣知道我们爱他们。有时，爱需要一些证明。

毕竟，我们所爱的人就像星辰，我们拥有特权挖掘出他们内在多层次的世界、五彩斑斓的色彩和深度，而他们也有潜力为我们做同样的事。这样的互惠是爱的核心要义——是给予和接受、看见和被看见、问和答的平衡，是一直从"我"和"我们"的角度思考。也许，所有的一切回到了找到勇气、意识和好奇心来完成"再一次看见"，正如米拉·雅各布所说的那样。有意识地在所有的闪光细节中看到最微小的时刻。存有好奇心去看到另一个人所有的样子，当他们不断变化时，能再一次看见。最重要的是，能完全理解和看到我们自身的所有样子，也许那样我们会找到勇气，向另一个人展示它们，并相信他们会爱我们的全部。

三　如何面对爱的失去？

受伤后又敞开的心灵，

可以容纳下整个宇宙。

——乔安娜·玛西（Joanna Macy）

失去想象中的未来

"未出生的孩子，无论是否被取名，无论是否被接受，总能坚持：让自己的存在被感知到。"

希拉里·曼特尔（Hilary Mantel），《放弃》（Giving Up the Ghost）

在意大利过完暑假回来，我看了一位针灸师，她认为我还没有完全接受流产带来的情绪影响。那时已快有一年的时间了，尽管我知道自己还未能走出阴影，但听别人说我没什么好转，让我大吃一惊。"你会不会觉得自己随时会哭？"她问道。我的确如此——悲伤隐藏在表面之下。"你会有清晰的梦境吗？"是的，通常既残酷又可怕，充满死去的胎儿和畸形的子宫。在最近的那个梦中，胎儿是如此小——就像一只苍蝇——当我在浴缸里放水时，它从下水孔中冲走了。事发之前，我疯狂地想用手接住，但它太小了——我看不见，我无法救它。我没有将这个可怕的梦告诉针灸师。我只是说，"我的梦有些紧张"。

就诊后，尽管我明白她的话中有几分道理，但我感觉到自己被激怒了，胸口一紧。我给朋友玛丽莎打电话。"我为何不能停止琢磨这些？我已经完成该做的事情。我接受了自己的悲伤。为何她认为我仍然受困在早期的悲伤中？"玛丽莎做了一个好朋友通常做的事：站在我这边，让我感觉好一些，尽管我因针灸师产生的沮丧是无来由的。但那天晚上，我想到了前一年在伴侣心理咨询课程上学到的：关注那些刺痛你的时刻，在你的愤怒之下隐藏着线索，通向更为深邃的真相。

谈及心碎，排山倒海的痛苦常被压缩为一个精短的句子。"我想我应该摆脱这段关系""我的处境不适合进入一段关系""发生了意外""我们遇到了麻烦"，或者于我而言，"对不起，是因为没有心动的感觉"。令人震惊的结局只发生在几秒内，但悲伤有自己的时间表——顷刻间，你失去了未来，你以自己无法控制的节奏去哀悼它。当医生向我展示显示屏上那个静止的形状时，它不仅是一个宝宝——或者对于某些人来说是胎儿——还是，我在脑海中已经形成的关于我们未来的图景：孩子有可能成为的样子，孩子有可能拥有的人生。简而言之，一个世界从我身上被夺走了。

除了丹以外，第一个知道我怀孕的人是办公室附近咖啡店的店员。尽管他知道我会点什么，但每个早晨，他都会问一遍："美式？"而我会回复："是的，请给我一杯！"所以，当有一天我回复"请给我一杯低因美式"时，他有些意外。"你怀孕了？"他问道，但并不让人觉得被冒犯，而是想到什么就脱口而出。我说："这样说还为时尚早！"这是肯定的意思，但我还没有告诉任何人。他点点头，我们都笑了。即便当丹和我开始与我们所爱的人分享这个消息时，咖啡师每天那句"低因美式？"也让我粲然一笑。我俩并不了解彼此，却分享了一个愉快的秘密。我怀孕初期那几个月一直怀有一种珍贵的兴奋，时而独享，时而分享，一直都在。

我幻想着女儿会来到我们身边。尽管我知道这只是一种幻觉，我想象着她可能成为的样子。她会擅长烹饪吗？能像爸爸一样照料好植物吗？她会拥有爸爸那样乌黑的头发和深色的眼眸吗？像爸妈一样，她的个子肯定不高。也许，她会和叔叔一样温和，和妈妈一样浪漫，和迫不及待想要见她的奶奶一样有趣。我们会教她游泳、唱歌、骑自行车、在厨房里跳舞、原谅自己、看小时候我爸爸曾经给我读的故事。当她病了，我们会嗅嗅她的脑袋，亲亲她的脸颊，抚摩她的额头。我们会告诉她，我们多么渴望她的到来，多么希望她能活着。她多么地被需要、多么地被爱。一千个小小的梦境积攒成一个想象中的未来，看似梦境，于我而言，却是如此真实。

许多与我分享了心碎往事的人，也失去了他们眼中的未来。有人悲痛于离世的母亲再也见不到她的孩子或见证她的婚礼；有人分享了朋友离世的故事，他们一起计划了假期却无法成行；还有人敞开说起自己的梦想随着离婚而消逝：她和前任再也无法和孩子们一起度过圣诞节的清晨，她曾以为会住到老的房子，现在不得不卖掉。对于失去无法真正拥有的未来，该如何哀悼呢？诸多个夜晚，当我试图理解失去是如何使我肝肠寸断时，我在思考这个问题。

我的身体，就像我的意识一样，拒绝放弃胎儿，所以我做了手术移除它。在之后的几个星期，我感觉自己的胃就像一个南瓜，中间被挖空了，而我是唯一知道它是空着的人。外面寒冬萧瑟，我的身体内部也是。我想关于心碎最糟糕的是，每天早晨醒来，心事会涌上心头。刚醒来那一刻还有一丝明媚，当时痛苦已被遗忘，忧伤被搁置一旁。不一会儿，回忆阵阵袭来，你只想躺着，不愿起床，不愿意面对失去拂面而来的新的一天。似乎，我没有一处不被孩子所占有，我无法往自己的内心逃匿，因为无处不是我对孩子的回忆，无处不是我想象中我们所拥有的生活。我知道，我所期待的未来已不复可能。然而，我仍然期待。

朋友和家人给予了我安慰，而我是疏离的，内心远离他们，似乎在别处。最宽慰人心的文字来自我公公，他在一张卡片中写道："对着月亮号叫也是无妨的。"而不那么让人舒服的语言，来自一位好意的女士，她告诉我，她认为所有孩子的死都有原因。那一整天，我幻想着自己扇她耳光直到她的脸变红——这些阴暗的想法吓到了我。还有人为了安慰我，说流产很普遍。但如果它是普遍的，为何我会感到如此孤独？

而我的心碎也有过黑色幽默的时刻。一只怀孕的猫突然开始造访我们的花园，我苦笑。"是在开玩笑吗？"我问它。当我走路回家，一名年轻的建筑工人朝我吹口哨，说"屁股不错"时，我又苦笑了。这发生在流产手术的前一天，当我的身体同时蕴藏着生命和死亡——我跳动的心脏和宝宝静止的心跳，被人调戏似乎是一件可笑的事情。我没有被惹怒；我感恩这个黑色喜剧。我只是希望，这个建筑工人永远不需要孤独地走去商店为他的伴侣购买超大号卫生巾，正如丹前一天晚上为我所做的。

那时我知道，我要对失去的未来放手，但处处充满着能引发回忆的事物，微小而带刺，像黄蜂蜇咬着我。我整理柜子，在一本书中发现了宝宝的扫描图像。我将手伸进大衣口袋中，发现了妈妈给我的一块卵石，正是当时胎儿的大小。在厨房抽屉里，是阳性的怀孕检测结果。手机上，是宝宝中心的应用提醒："您的胎儿目前和苹果一样大。"我删除了应用，把一切放入了小木盒中，并将它藏在衣橱后面——都是我们未曾能拥有的另一种生活的痕迹。

与针灸师见面后，我梳理着回忆，在忧伤中，我看到了更深层次的三部分：失去本身、与之相伴的孤独、羞愧感——一种我现在无法移除的感受。我采访过失去孩子的女性、孩子夭折的女性、经历了许多年试管婴儿的女性。与她们相比，我的失去是如此微不足道，而我却执念不放，真是如此可悲。

对于那些无法理解流产会令人心碎的人，我想说：想象一下，人生第一次，你的身体中不仅有你。想到你的体内会长出手臂、腿、脚、手，想到身体中的血容量因为心跳加快会增加百分之四十至百分之五十，这会令人感到神奇。然而我想能永远改变你的是，你的内在世界中突然多了另外一个生命。当第二颗心脏停止跳动时，你被迫面对我们所有人知晓却躲避的事：死亡。你无法顾左右而言他。你无法否认它的存在。它存在于你，并将一直存在：明白有一天，我们所有人的心脏都会停止跳动，正如胎儿一样。几个月里——或在某些情况下，更长时间——流产的女性们也经历了我们生存的两极：生命的序幕和尾声。我不会认为这是一件微不足道的小事。有些女性可以做到，而我不行。

所有的失去各有其复杂性，无论我们是否承认，它们持久的后果总会在某处显现——下一段关系中、醉酒后的争吵中、惊恐发作中、嫉妒中。因此，对我们而言至关重要的心碎，我们应心存敬意，无论它们对旁人而言是多么微不足道。我想，更大的挑战是，我们如何与失去如影随形，而不让它影响我们过好当下的生活。我必须接受，流产对于我是有意义的，但我也要对之前计划好的未来放手，从而充分享受我有幸拥有的人生。此刻、这里、今天发生的真实人生。正如露西·卡拉尼什（Lucy Kalanithi）后来告诉我的："意识到我们仍是我们自己是重要的，我们的本质仍然存在，与可能失去的未来相分离。"

是的，我是一名想要成为母亲的女性，却失去了孩子。但我仍是一位姐妹、友人、女儿、爱人，是有自己目标的个体，一名想要体验除母亲以外人生诸多方面的女性。

手术后的几天，我开始回去工作。那天清晨，我站在火车站台上，正如我成百上千个清晨所做的那样。我看向对面，看到了它：一个蓝色的"S"标志。我们打算给宝宝起名的第一个字母（它一直都在吗？也许我从未注意过）。那一刻，我感受到了一种前所未有的情绪——在喜悦和悲伤之间。我接受了痛苦，并奋力向前，就像穿针引线。我看着那个标志，笑了，让自己接受许久以来未能接受的：尽管宝宝的生命短暂，但我并不想忘记。

下地铁后，我去了那家咖啡馆。已有四个人排在我前面，所以我等待了一会儿，直到我又听到了熟悉的字眼。"低因美式？""不，要一杯黑美式。"我回复道。我几乎快哭出声了，但憋住了自己。"不要低因？"我摇摇头，对方尴尬地点头，他温柔地看着我，似乎希望自己能说得更多。一分钟左右，他递给我一杯咖啡，我说了声"谢谢"，也温和地点了下头。我走着去工作，思考这些微小动作的力量——一瞥、一个笑脸、一个点头——不用任何词语，我们就可以安慰到几乎不认识的人。

*

当我还是孩子时，新年前夜，我母亲常在厨房里哭泣。我父亲把我和弟弟赶到另一个房间，那样"妈妈可以有片刻的清净"，他解释道。这是我们外祖母的忌日。当我母亲二十六岁怀着奥利弗时，她失去了自己的母亲帕梅拉。今天，说起这段经历，她仍潸然泪下。成为一名母亲时，她失去了自己的母亲。那时，我和奥利弗还年幼，无法体会到每年这个日期的重量，但这是我最早看到悲痛的样子：我无法理解，在门另一边哭泣的眼泪，躲在另一个房间里发生的事。

在那之后，除了流产，我还近距离感受到了不同形式的失去。祖父母的葬礼，我坐在教堂长椅上；一个雨天，在结束了一段关系后，我离开同居的公寓，在车里潸然泪下；家养宠物狗安乐死之前，我环抱着它的脖子，在它耳边轻语"我爱你"，我的眼泪弄湿了它的皮毛。在那些时刻，爱与失去的关系看起来似乎很简单：失去了爱，留下了悲伤。它们是彼此的代价。

直到我开始理解自己对于流产的想法，直到与别人聊及悲伤，我才理解爱与失去并不分离，也不是连续的阶段，它们是同一事物的两面。悲伤并不尾随或代替爱——它们存在于彼此。失去并不遥远，它存在于每一个有爱的、消逝的时刻中。幸而，我还未曾遭遇过身边人突如其来的离世，但我明白不面对死亡，就无法对爱进行探索。这意味着，要敢于面对这个难题：我们如何接受，有人能与所爱之人相伴到老，而有人很快就失去了对方？若因死亡而恐惧，因缺席而残损，我们如何在尚存的生命中找到意义，而非与他人对比？痛失爱人，但仍坚持去爱，我们是否能从中汲取宝贵的收获？在开始寻求答案时，我与贾斯迪妮·皮卡蒂（Justine Picardie）进行了交谈，她是一名记者、作家以及《哈珀芭莎》（*Harper's Bazaar*）的英国版前主编，失去使她的生命被痛苦和美所雕琢。

*

流产后，我悲伤于一个我永远无法拥有的未来。我知道在人生的这一刻，自己是幸运的，无须被迫哀悼过去。无须既悲痛于我与他人共同的过往，还哀伤于我与他人计划好却永远无法实现的未来。贾斯迪妮·皮卡蒂经历了两次失去：第一次，她亲爱的妹妹露丝离世了，接着，她的婚姻结束了。我想问问她，第一次失去是否改变了她处理第二次失去的方式，以及为何关系的结束是另一种形式的哀悼。当亲友离世时，总有显而易见的方式给予安慰：送花、写信、聚餐、参加葬礼。而当一段关系结束时，却缺少正式的表达心意的方式。也许给予应有的关注，与对方讨论心碎的感受，在这种复杂的悲痛形式下，我们可以找到新的方法抵达对方，此时的他们在哀悼一个仍然存在于这个世界上的人，而这个人已不再是他们人生的一部分。

贾斯迪妮提醒着我每当我们选择爱一个人时所面对的风险：不是他们会活得比我们久，或者我们活得比他们久，而是当我们奉上真心后，他们可能会令我们心碎。这很了不起，我想，我们中很多人愿意一次又一次地冒险，就像贾斯迪妮在离婚后再次坠入爱河。她的故事告诉我们，我们可以找到希望和新的开始，尽管一切似乎不可能。当然，在四十多岁时遇见灵魂伴侣非常幸运，但幸运远远不够——贾斯迪妮再次鼓起勇气带着脆弱去爱。那又是什么让她大胆向前的呢？她妹妹的离世，这次失去让她决定不再让人生被恐惧所主宰。

在哀悼的荒野中找到爱
与贾斯迪妮·皮卡蒂的对谈

娜塔莎·伦恩：哀悼婚姻结束是何种感受呢？

贾斯迪妮·皮卡蒂：离婚也像是一种丧亲之痛，让你对未来的希望化为灰烬，并让过去笼罩上阴影。在我的情况中，这意味着一段无比重要的关系结束了，因为我的前夫曾是——并仍是——我们儿子的父亲。当他离开我，我们二十五年的婚姻结束时，我感到自己要走出一片充满惊愕和悲痛的荒野。就像一枚巨大的炸弹爆炸了，重创了我们的家庭生活。但我最终找到了路，走出了这片充满挑战的区域，部分原因是，我已有过同样的经历——当露丝在三十三岁死于乳腺癌时。她死后不久，所有我能想到的，就是这件事的可怕：她肉体经受的折磨，以及人生最后十个月所经历的种种。但我知道，自己不能完全沦陷在内心的痛苦中，因为我还有两个年幼的孩子需要照顾。同样，我明白在第一段婚姻结束后，我不能沉沦；我不能在荒野中迷失自己，尽管我大部分成年后的生活与这段关系是重合的。

当关系结束时，人们会说，"你会克服它的"。对任何一个感到心碎的人，这是最没用的几个字。因为无论是死亡，还是婚姻的结束，这种失去并不是一座需要你攀登并从另一侧逐级而下的山峰。你永远无法克服它，但你会应对这种挑战，直到最后你与失去共存，而它也成为你的一部分。对于前夫，我是这种感受。尽管婚姻结束令人心痛，但离婚时，我们建立了友好的关系，因为我对儿子们的爱，远远甚于我对他的愤怒。我并不想和他争吵，或破坏我们共同的过去。同样，挺过了露丝的离世，我明白自己也能挺过离婚，我不会让余生在不快乐中度过。

娜塔莎·伦恩：露丝的死怎样教会了您抵抗不愉快，以及走出心碎？

贾斯迪妮·皮卡蒂：即便露丝知道自己会死，她仍热爱生活。像口红、鲜花、巧克力蛋糕一样的小东西对于她仍至关重要。为了纪念她，我需要继续庆祝生活。在她死后，在我的婚姻结束后，我仍投入地生活。你需要继续珍视生活中美好的事物，从而安然度过失去。失去露丝教会我，仅有乐观和信念是不够的；可怕的事情的确发生了，但这并不意味着你需要时刻生活在恐惧中。即便害怕，糟糕的事情仍会发生，而你却无法享受活着的所有美好。

娜塔莎·伦恩：失去她是否改变了您对于爱的看法？

贾斯迪妮·皮卡蒂：露丝和我非常亲近。当她得知自己癌症晚期时，我感到一种沉重的挫败感，因为我无法拯救和保护她。现在，无论我何时写作，某种程度上，我是为她而写。一天中，我会想起她很多次。失去深爱的手足，意味着失去一个理解你们共同经历的人。但我发现，即便对方离开世界，你仍会深爱他们。我的妹妹离世了，但我们分享的爱仍存于世，对我而言，仍富有深厚的意义。我们对于彼此的爱，是构成今天完整的我所必需的。以某种神秘的方式，露丝仍存在于我的生命中，无论是内心还是外在。

娜塔莎·伦恩：婚姻的结束，对您而言，是否意味着失去过去和未来？

贾斯迪妮·皮卡蒂：我想，我们很多人能理解，结束的关系仍存在于我们的思绪中，我们还会不断想，"记得当……"或者"我想是否……"过去、当下和未来处于一种永恒的流动中：我会想起一段旧关系或曾经的经历，自然而然，我的思绪飘向了这个人，以及假如再次相见，我会说些什么。我们以为生命是线性的，然而它们并非如此，尽管每一天接踵而至，上周发生的、十几年前发生的，以及我们对于明年的期盼，一样发人深思。失去妹妹带给我的感触是相同的：我们的过去、现在、未来交织在一起。

娜塔莎·伦恩：离婚发生后，再一次坠入爱河是否会不现实呢？

贾斯迪妮·皮卡蒂：哦，天哪，是的。我的前夫爱上了其他人，我不可避免地感到被拒绝、羞耻和嫉妒。因此，我不愿意再冒险坠入爱河。我有一种挫败感，以为自己会孤独终身——不仅婚姻失败，也无法保护我亲爱的儿子避免遭受家庭破碎带来的心碎。那时，我以为，我不会再爱了，我也不需要，因为我有儿子、有朋友、有工作。我不需要，也不想要另一个男人。然后，突然地，我遇到了一个人。

这是宇宙奏响和谐乐章的神奇时刻：有个朋友邀请我吃饭，出于疲倦和心情低落，我差一点就拒绝了。最后，我改变主意参加了，只是觉得拒绝不礼貌。入座后，很显然，我的右边是朋友想撮合我的人；他很好，但我们之间没有火花。我的左边是一位很有趣的男士，他非常有趣、阳光、有创意。第二天，他给我打电话，邀请我一起去剧院，我回复："我不想去剧院。"他问道："为什么不想呢？"我直白地表达了自己的感受，说道："我的婚姻结束了，心碎不堪，我不愿意冒着再次被伤害的风险。"

娜塔莎·伦恩：您为何觉得自己可以对他袒露心扉呢？

贾斯迪妮·皮卡蒂：他是一个非常容易沟通的人。他说，"不管怎样，来吧"，我们就一起去了剧院。甚至当他后来带我去吃饭的时候，我仍说"我不愿意约会，我不会坠入爱河"。这是我告诉自己的。然而，我还是爱上他了。有趣的是，我们相遇的前一年，我曾被约稿写一篇关于爱情的短篇小说。我不愿意参加情人节举行的新书发布会——那时，我非常受伤。第二天，有一位编辑给我打电话，问道："您为什么不来呢？"我说："因为我的丈夫爱上了别人，我们现在要离婚了。"她邀请我喝了一杯茶。我们再次见面时，她说："我希望您不要介意我这样说，但有时，我会有心理直觉，我真觉得自己需要告诉您一些重要的事情。您需要从结束的婚姻中走出来，需要用优雅的姿态放下它，因为两个儿子是您人生中最棒的部分，您爱他们，这是前夫送给您的最好的礼物。"对，我的确这样觉得。她接着说："还有一个人在等着您。您还没遇到他，他也还没能遇见您。我希望你们的人生轨迹会有交叉，如果会，他就是您命中注定的人。"我问道："我如何知道这会是谁呢？"她说："对方的名字叫菲利浦，他的房子前面有一座天使。现在，您要把这些忘掉。"一切发生时，我的确不记得了——我的生活中发生着各种各样的事情。甚至，当我参加晚宴，坐在我左边的男士名叫菲利浦时，我都没想起来。哈，他的名字就是菲利浦。

娜塔莎·伦恩：那您是何时想起她告诉您的话的呢？

贾斯迪妮·皮卡蒂：距离我们第一次见面一段时间后，我们一起沿着马路散步。他说道，"这是我家"，便指向一栋房子，门前有一座天使雕像。我说道："哦，天哪，你的名字叫菲利浦，而你的房子前面有一座天使。你是我的灵魂伴侣。我们注定在一起。"我告诉了他这个故事，值得一提的是，他并不认为我发疯了。很多年以后，当我们搬去诺福克（Norfolk）的家时，他托人在后门上刻了一对天使的翅膀，我和他名字的首字母分别刻在一边。每次我看到它，就会想起自己有多爱我的先生，能找到彼此，我们何其幸运。

娜塔莎·伦恩：离婚后坠入爱河，与您第一次坠入爱河有何不同？

贾斯迪妮·皮卡蒂：人生的下半场遇到真爱非常珍贵，无论你是四十多岁还是五十多岁。我觉得人们有能力再爱，即便遭遇了巨大的损失。这于我而言，才是真正的奇迹。第二次坠入爱河似乎是一种冒险——但也显示了巨大的勇气。我非常幸运能够遇见菲利浦，也有信心去拥抱我们的关系。也许，这是妹妹的死教会我的：你不能忧心忡忡地活着。再一次坠入爱河时，我已经四十多岁了。我想要从爱情中获得的，截然不同于我二十多岁时。我的前夫是一名音乐人，听起来浪漫且富有魅力，但现实是艰难的，我们有两名年幼的孩子，而他经常几个月的时间在外马不停蹄地巡演。而我第二次爱上的人，是居家型的。我们见面之后不久，我对菲利浦便可以无话不谈。在关系的早期，我就对他说起了露丝——有人会觉得死亡让人难以启齿，但菲利浦没有表现出尴尬或害怕。露丝的离世是我作为整体的一部分，而他可以坦然接受。我对他这个人也充满了信任，从而相信他可以成为善良且让人尊重的继父。我必须考虑这一点；我不愿将他介绍给我的儿子们——那时，他们分别是十五岁和十九岁——直到我确定，这段关系有未来。但即便我了解自己作为母亲的责任，也同样去做了，我仍然感受到再次坠入爱河的强大喜悦。一种神奇感和可能性……

娜塔莎·伦恩：关于爱，哪些是您希望自己早先就能明白的？

*贾斯迪妮·皮卡蒂：*如果我可以给年轻的自己一些意见，那将是：不要把爱与焦虑混为一谈，不要把危险与浪漫的刺激混为一谈。伴随着真爱而来的和谐与宁静，弥足珍贵。我用了很多年的时间才明白这一点。

*

与贾斯迪妮沟通前，我以为在经历失去后，要努力让自己在缺少爱的情况下活下去。事实上，她对妹妹的爱，一直在指引着她的生活。每天，爱让露丝贴近着她，并存在于她的思绪中。爱鼓励着她去珍惜每一点小欢欣，而不因恐惧使其暗淡无光。甚至，当她不怀希望时，爱给了她勇气找到新的爱人。也许，正如贾斯迪妮所说，丧亲之痛无法被克服。而我们应该学会与内心的悲痛共存，让悲痛改变我们，直到彰显出韧性。

我们的对话提醒了我，作家艾米丽·拉普·布莱克（Emily Rapp Black）曾告诉我的事。她的儿子罗南在快三岁时死于一种罕见的遗传病泰－萨克斯病（Tay-Sachs）。当他只剩下六个月的生命时，她爱上了将会成为她的丈夫的人。她说："罗南让我学会了如何以最好的方式去爱。如果不是爱他又失去他的经历让我心碎，我便无法以这种方式去爱。"经历过儿子的离开，她明白了"破碎的心，也是开放的"。这是多么特别，尽管艾米丽和贾斯迪妮的家人从她们的生命中被偷走，但这也加深了她们爱的能力。

*

我觉得丧失家人特别难的一点是，它会吞噬人的希望。流产后的一年，当我们庆祝新年前夜时，我在过去十二个月里所储藏的乐观开始熄灭了，就像没电的手电筒。一个月接着一个月，我越期待，越相信，当我被证明错误时，失望更为冷酷。一月份，当我写下新年愿望时，我不得不问：每个月仍心存希望是理智的吗？还是应该谨小慎微，认为自己这次仍会受孕失败？很可能怀不上。我知道这种消极的想法与针灸师和生育专家的方法背道而驰，她们传授"坚定相信，就会发生"的哲学，主张"放下任何可能阻止自己怀孕的情绪障碍"。但在距离第一次阳性检测的一年半之后，我想愤世嫉俗是否增加了自我保护的安全网。与希望之间建立的新的、复杂的关系让我思考起，它在失去之后的角色。希望是一种负担，还是指引？我们是找到了希望，还是自己建立了希望？以及它与爱之间是什么关系？

记者梅勒尼·里德（Melanie Reid）对于爱、失去和希望之间的联系有着独特的理解。在二〇一〇年的骑马事故中，梅勒尼摔断了脖子，下背部骨折，现在四肢瘫痪，这意味着她从胸部以下不能动了。事故发生之后，她失去了很多：独立行走、身体和情感的认同、独立性，以及被拥抱的快乐。这次伤害以及康复的限制也考验了她对身边人的爱——以及他们对她的爱。我已经发现了维系一段长久的爱所面对的种种挑战，但我想问问梅勒尼：如果爱所面对的考验，远大于时间和自满呢？经历了最为残酷的失去，还希望爱能幸存，这是否过于天真？

梅勒尼并未美化她的经历。她并不假装，她在生活中发现的意义能取代事故之后她所失去的东西。但她让我们思考：对于生活的厄运我们该如何应对，无论它看起来是怎样的不公平？

联结我们所有人的善意和爱的暗流
与梅勒尼·里德的对谈

娜塔莎·伦恩：这次事故如何改变了您的情感关系以及爱在您生活中所扮演的角色？

梅勒尼·里德：这是一次核爆炸，不仅炸开了我的脊柱和肉体，也撞击了我的家庭和情感生活。自事故发生后，因为天翻地覆的改变，爱对于我和先生来说成为另一种事物。戴夫需要承担所有的体力活，我们的夫妻生活也受到了影响，性生活不再如从前。这件事也伤害了我的母子关系，我不再是那个无所不能、全方位支持的母亲。儿子和我交换了角色（事故发生时，他二十岁了）。

我意识到，被盲目称之为爱的事物，我们视其为理所应当。你会忘记，尽管你会犯错，会有不堪的小习惯——尽管你做了一些不愿为人知的事情——仍有人爱你。对于某人，你是他生命中重要的一部分。我想，我们的确忘记了。我们认为，哦，每一个都是被爱的，就像每一个都能登上巴士——其实，并非如此。之前，我也将其视为理所当然。

娜塔莎·伦恩：住院的时候，您离家有一整年。回家后，您和家人是如何走近彼此的呢？

梅勒尼·里德：戴夫最好的一点是他从不离开，尽管从情感方面而言，他是最不适合承担这份工作的人。他负责家庭娱乐，是一个性感、有趣的人，他痛恨医院，痛恨疾病，痛恨丑陋的身体和责任。突然之间，他需要面对婚姻所给予的一切。几年后，一名护士向我透露，当时医护人员担心他无力应对。很可能，很多人私下都这样认为。但是，从一开始，他就表现得非常出色，他在不断进步，当我看到他扛下了巨大的责任，我对他的尊重也在与日俱增。他一直对我说："我可不止是会搞笑而已。"而他也证明了自己。

一开始，从我们身上被夺走的一切以及加诸他的重担，把我吓到了。有一天，我跟他说："你可以离开我。这已经改变了基本原则，你并没有为之签署承诺。"我爱他，所以我为他打开了那扇门。我想，这不是他应得的。放他走。而他说："别犯傻。你被我缠住了。"对于我而言，这便是真爱。

娜塔莎·伦恩：我想，在肉体上完全依靠一个人会暴露出很多脆弱。这是怎样的感受呢？

梅勒尼·里德：瘫痪后，是一种可怕的重生。你又开始像一名婴儿，你需要学习如何使用自己新的身体。一开始，我就像鸟巢中的幼鸟，没有选择，只是被动接受任何向我提供的帮助。直到回家以后——那个曾经我负责张罗的地方——我感到全方位的挫败感扑面而来。我无法修补篱笆，或者把水倒入汽车风挡玻璃洗涤器中。我曾经是一个实干的人，现在却什么也干不了。

我记得当我们买了一个新的吸尘器时，我一眼就能看明白它该如何组装。但我看着戴夫笨手笨脚地翻看说明书和零部件，就像我在上一门管理学的课程，你需要指导别人，而非自己动手。我需要变得耐心，而非指责挑剔，这是一个艰难的学习过程。但这不正是爱的现实本质吗？当巨大的改变发生时，你们组建成为一支不同的团队。这正是我们所做到的：我们都适应了变化，因为我们仍然想要在一起。

娜塔莎·伦恩：是什么阻止您滑向自怜自艾，以及看到了生活中让您感恩的部分？

梅勒尼·里德：我不是圣人。我仍然会有十分钟的失意时刻，那时，我会允许自己走进浴室，看着镜子，哭出来。然后，我会克制住自己的自怜自艾，把自己收拾好，再重新面对世界。为了我爱的人，我需要继续前行。在那种情况下，我的力量来自爱；韧性的根基是爱——深扎于大地，阻止树木倾倒。它让我不那么自私，挣扎前进，而不是陷入无助。事故发生后不久，我就有了醒悟，开始进入快乐游戏（Glad Games，说出生活中让自己感到快乐的事）。我意识到，假如我遭遇头颅撞伤，或者更高位瘫痪，那我可能需要呼吸机或者二十四小时的看护。之后的几十年，我的先生和儿子将会有一个头部损伤的妻子和母亲。想到事情有可能会更糟后，我学会了感恩已有的。

娜塔莎·伦恩：失去了一些肉体上的自己，您是否更容易注意到美化生活的小细节，也许这些是您之前所忽视的？

梅勒尼·里德：当你坐在轮椅上，你爱的人无法像之前那样拥抱你；你失去了朋友之间诸如拍肩的日常肢体亲密，也无法感受与陌生人在地铁上腿部的碰触。对于失去的触碰，我感到渴望。当戴夫向我伸手，或有人不经意间搂住我的肩膀时，那感觉太美妙了。

我们把这些都当作理所应当。生活是美好的，而我们却缺少时间去看到。我们让愚蠢、鸡毛蒜皮的事情主宰自己，变得尖酸刻薄。因疲倦和暴躁，我们在生活中挑刺，而非意识到我们与健康的人在一起，他们爱我们，想与我们在一起。

假如我的情况有带来积极影响的话，其中一点便是：我觉得鸡毛蒜皮的事情不再重要了。只有当我们经历了创伤性的失去时才能意识到此，这是多么悲哀。现代生活自鸣得意的一点是，很多人都认为自己是永生的，以及我们理应快乐。我们以为，快乐会主动来到我们身边，而实际情况是，我们需要停下脚步，并四处寻找，才能看到它早已存在的身影。

娜塔莎·伦恩：我非常想知道您现在与希望的关系。起初，您似乎把希望都放在能够重新走路上，而现在，您是否找到了一种方式，仍心存希望，但并未将目标孤注一掷在重新走路上？我这样问，是因为在努力受孕时，我发现自己与希望之间的关系困难重重，某种程度上，对于怀孕的信念也常常伤害到我。

梅勒尼·里德：在医院时，我否认发生的一切，我迫切关注着走路的奇迹——如同你看待怀孕一样——我让自己几近疯狂。对于走路的渴求和对于孩子的渴望，都是原始而根深蒂固的。对于这些事物的渴望，或者让你垮掉，或者让你慢慢学习并变得柔软，意识到无论结果如何，希望永不会熄灭。放弃希望，就是放弃生命，而最早那几年，是虚假的希望让我的肉身活着。它给我的意识之眼蒙上了一层滤镜。你无须对万事充满乐观，但找到信念的内核会让你觉得渴求和执念变得可以忍受。不要因希望或渴求而让自己窒息，你需要采用一个温柔的态度，最好开始享受活着，而不因琢磨也许会发生或不会发生的事情把自己毁了。正如西德尼·史密斯（Sydney Smith）所说："为何要让遥远的痛苦破坏现在？也许它根本不会到来，也许你活不到那一天。每一种悲痛都有二十个影子，而大部分影子都是你自己投射的。"要看到四周围绕着自己的爱意，让自己拥有一个美好的生活。

娜塔莎·伦恩：现在，您是否可以体会到更多爱的形式，而这是您之前无法做到的？

梅勒尼·里德：我收获的是一种被爱的感觉。我感到被爱，不仅仅是家人的爱，也包括陌生人的爱。当我在图书节或讲座中遇到他人、收到美好的电子邮件或信笺时，我感受到了无与伦比的温暖，以及强烈地被陌生人所爱。当陌生人看到你的需要时，他们会给予温柔，有时，这是甜蜜的时刻。一次书展时，有位朋友陪伴和照顾着我。一天，我们把车停在酒店门口，我坐在轮椅中等待着，她把行李从后备箱中拿出。一些学生路过，其中一位停下来问道："需要帮忙吗？"从陌生人那里得到的善意，我想也是一种爱的形式。对方认为你也许需要帮助，因而产生了与另一个灵魂不经意间的联结。对于这种善意和爱，现在我有了更深的感激，这是在我们所有人之间涌动着的美好暗流。

娜塔莎·伦恩：关于爱，哪些是您希望自己早先就能明白的？

梅勒尼·里德：没有爱，我们一无是处；我们是孤立的人，是一堆细胞。爱赋予万物意义，却容易被错失。即便找到了爱，我们也容易怠慢它（爱是需要付出努力的）。你不能做出假设。不能躲避它不堪的一面。这么说吧：如果两人之间的爱遭遇到了严峻的挑战，而你们仍能通向彼此，那关系将进入更深的层次。人们说失去孩子之后，婚姻常常会崩塌。同样，很多人也无法应对改变生活的身体损伤。他们离开了。如果爱要经受严峻的考验，而它无法通过，那就是无法通过。但你应该确信的是，假如爱能经受住大型的考验，那你们将更能享受生活，你们都会得到金光灿灿的嘉奖。我的爱受到了考验，它为之发生了变化——也经受住了。

*

我曾问过梅勒尼，面对个人自由和身份的失去，爱是否可以幸免于难？但我发现，和贾斯迪妮一样，在失去的最深处，梅勒尼发现了一种更深、更广阔的爱。这并不是一种对丈夫和儿子的爱，而是一种陌生人安然的善意带来的爱。这让我想起在咖啡店，店员微微点头让我感受到的联结。还有一次，我从医院打电话，寻求英国航空公司的帮助，一位名为瑞秋的女士接起了电话。当我告诉她，因为发生了流产，我们无法乘坐飞机去毛里求斯，需要申请退款时，她说："对于您的失去，我深表遗憾。"而我知道她是真心的。她给了我直线电话，那样的话，我就不需要向另一个陌生人重复我的故事了。她听了我的叙述，对我提出了最低程度的要求。在我最脆弱的时候，她安慰了我。

她说:"我会看看我能为您做些什么。"

这种存在于陌生人之间特别的爱——酒店门口的停车场上,在梅勒尼和路过的学生之间——是一种我们常常忽视的联结,在我们最为脆弱的时候,它便出现了。我明白这一点,是因为当我让人们分享他们曾经接受的、不经意间的善举时,很多人说起的例子都发生在他们经历痛苦时或者之后。作家玛丽安·鲍维尔(Marianne Power)告诉我,在她低落的时候,一名出租车司机曾经安慰过她。驾驶至目的地时,他敞开地聊了聊自己的崩溃,并告诉她,"哭个够吧,然后看看《帕丁顿熊》"。作家艾拉·德芙(Ella Dove)向我袒露,失去一条腿后,她躺在重症护理病房,保洁员放了一盒佳发蛋糕在她床头的桌子上,说道:"你做得很好,姑娘。"这样的时刻让我感受到:失去即是神奇的礼物。它让我们在最需要时,更能感受到包围着我们、熠熠发光的联结。

*

在对话中,最让我惊讶的是,梅勒尼能将自怨自艾压缩到十分钟。我敬佩这样的努力,失去发生后,很容易会问:"为什么遭遇这一切的是我?"在一个圣诞节,我结束了一段关系,而周围似乎所有人都在沐浴爱河,我会滑落到自我哀怜中,而这种感受只会徒增我的悲伤。我想知道,为何面对悲伤时,我们的头脑会自怜,尽管这样做更令我们感到受伤。有没有办法停止问"为何是我"?停止让这个想法不断升级,尽管失去似乎是无常和不公平的。为了更好地理解痛苦的不同阶段——尤其在一段关系结束后——我与精神治疗师和畅销书《咨询室的秘密》(*The Examined Life*)的作者斯蒂芬·格罗斯(Stephen

Grosz）进行了对谈。

斯蒂芬与我之间的对谈让我明白，痛苦有两种形式：一种是经历了失去的痛苦，另一种是我们深陷于自怜自艾的状态中，认为自己值得拥有一种不同的处境，从而加诸自身的痛苦。尽管我们无法避免第一种痛苦，但值得感激的是，我们可以减少第二种痛苦。

他也拓宽了我对失去的理解。之前听到这个词，我想到了我们哀悼的人，想到了令我们痛心的关系：悲痛的迷你棺柩、褐色信封中令人发指的离婚协议书。但斯蒂芬引导着我思考"日常的失去"：当我们开始新的冒险时，温柔的忧伤伴随着对重要地方的放手——学校、大学、工作；为了构建成人的未来生活，而抛诸身后流逝的青春。失去在生命中并不罕见，我明白了，它是日常生活的一部分，也是爱的一部分。以这种方式，我们一直在学习如何承受失去，却浑然不觉。有时，它甚至被包裹在美好的事物中——为了在生命中接纳更多的欢愉和冒险，我们必须放弃旧的事物，为即将来到的腾出空间。

人生是一系列不可避免的失去
与斯蒂芬·格罗斯的对谈

娜塔莎·伦恩：我们为何害怕接受失去是爱的一部分呢？

斯蒂芬·格罗斯：我不确定，是否只有恐惧，让我们拒绝接受爱里所包含的必要失去。爱，是我们自出生时就听到的字眼。父母对孩子说，"我爱你"。大人给孩子们讲王子和公主的故事，在童话中，佳侣"从此过上了幸福的生活"。然而，所有的爱都会走向尾声——即使不是在活着的时候，那么也会伴随着我们的死亡而终结。大多数父母不会和孩子提起爱所包含的失去。它对于成人来说也难以启齿。我的经验是，当我们谈论爱时——与孩子或我们自己讨论爱时——简单的叙述胜于艰涩。

依我看，人生是一系列必要的失去。一开始，就面临着失去。出生时，我们离开了子宫，拥有了世界：乳房、父母、家。不久，我们放弃了母乳的亲密感，但感受到了固态食物——新的感受、新的滋味。我们离开了家，去托儿所，然后是学校——我们拥有了新的体验，被新朋友、新地方所吸引。我们结交友人。最后，我们离开童年的家，去大学，或工作。后来，顺利的话，我们离开原生家庭，为建立自己的小家腾出空间。生活需要我们放弃所爱的地方、事物或人，从而为新的生活和新的热爱留出位置。成长需要失去——它让人难以接受，我们会抵抗，但如果我们想要成长，就必须忍受这种痛苦。

有时，我们想要新的生活，却无法放弃旧的。作为精神分析师，我的大部分工作是在帮助人们接受这些必要的失去。在《咨询室的秘密》中，我引用了一位来访者曾对我说的十分天真的话："我想要改变，但如果真的意味着变化，那就算了。"

娜塔莎·伦恩：您觉得，与孩子聊聊失去和爱，是否会有帮助？

斯蒂芬·格罗斯：三十五年来，我一直在做精神分析师，我的一些来访者——大部分是成人——与我描述过他们和孩子之间关于失去的对话。这些谈话——比如说，关于祖父母的离世、宠物的死、离婚——对于父母和孩子都是非常重要的。大部分时候，通过对话，孩子们觉得自己在经历失去时并不孤单，这一点令我印象深刻。他们的感受被听到、被理解——他们感受到了什么，他们是谁，事关重大。弱化失去，并无帮助：这是在无视孩子们的体验。我们陪伴孩子度过悲伤，从而帮助我们；经历失去时，我们站在他们身旁。

娜塔莎·伦恩：您是否认为，当一个人让失去的恐惧左右生活时，是否也意味着将自己与爱进行割裂？

斯蒂芬·格罗斯：是的。在我的书中，有一个名为"否认如何阻止我们向爱臣服"的案例研究，我描述了一位女性，她非常温暖、体贴，以及从表面上看起来，渴望遇见一位男士——然而，不可避免的是，没有一位男士是合适的。她在有意识地寻找爱，然而，无意识地，爱意味着失去她自己、她的工作、她的家庭和朋友；意味着要被掏空、被忽略和占有。慢慢地，通过回忆她早年痛苦的失去，以及在第一段关系结束时所遭受的极度绝望，我们开始理解了她的抵抗。她的不情愿是不自觉的，因为情感上的交付和联结代表失去，而非获得。她无法去爱，因为她只看到了爱所带来的失去。她的消极，是对她积极的深情的反应——对爱的未来可能性的反应。

娜塔莎·伦恩：在一段关系中，你们都会发生变化，双方需要放弃旧时的彼此和关系。这也是一种日常失去的形式吧？

斯蒂芬·格罗斯：精神治疗师朱莉娅·塞缪尔（Julia Samuel）曾说过，在四十年的婚姻中，她结了五次婚——她的意思是，在婚姻中，我们的伴侣会发生变化，我们自己也会；所以，我们需要找到重新协商的方式，重塑婚姻。我认同她说的话。我有时说：最好的婚姻——我的意思是最坚固、最有韧性的婚姻——是重新嫁给同一个人。通过解决双方之间的问题，关系得以加固。这些夫妻在伴侣身上重新发现或找到新的地方去爱，而不是换人。

临床工作中，我看到来访者们——更多时候，男性多于女性——不断地结婚和离婚；我怀疑，其中有一些，如果简单地和之前的结婚对象再次走进婚姻的状态中，也许会更满意。有时，比方说，有一位男士的结婚对象，是自己第一任妻子的年轻版。问题不在第一任妻子身上，而在于丈夫无法理解和接收自己的感受。假如他能够看到自己，容忍自己的矛盾——以及妻子对于他又爱又憎的感受——情况也许会不同。

艾丽丝·默多克（Iris Murdoch）曾说："爱是一种极其艰难的

领悟:除了自身之外,还有其他事物是真实存在的。"她是正确的——通过克服自恋,我们赢得了爱。十几岁时,当我们开始建立关系,我们倾向于从自己的视角出发;我们认为自己的感受是真实的,而对方的感受却不太具有现实感。爱——自恋的反面——是有能力看到对方、对方的生活和感受是真实的;爱是能够将对方客观的样子与对方被我们的恐惧和欲望所塑造的样子区分开来。

最近,我的一位来访者向我描述,在他和妻子的一场吵架中,他有一个想法冒了出来:天哪,她简直太可怕了!但紧接其后的是另一个想法:等一下,我也很可怕——我对她很刻薄。她的确忍受了我很多。这一刻的醒悟,就是他在容忍自己矛盾的心理——也在接受妻子对于他的矛盾情感——看到了她的视角。我们需要听见、看到、感受到爱人的现实情况。我想,假如我们可以忍受这些矛盾的时刻,听到对于对方而言重要的事情,我们可以到达一个更有爱的关系。

娜塔莎·伦恩:当您看到来访者在哀悼一段结束的关系时,您会怎样帮助他们呢?

斯蒂芬·格罗斯:在我眼里,精神分析的目的并不是帮助来访者——而是去理解。理解是精神分析的良药。替来访者指向任何具体的目标,是在侵犯他们的自主权——干预他们发现自己的渴求,或越俎代庖。指引来访者,即便实现一些好处,也会限制治疗。"帮助患者"会掩藏治疗师限制患者自由的无意识想法。

无人可以选择自己的欲望。我们以自己的方式去爱,以自己的方式哀悼。精神治疗师为来访者创造了说出心声的条件。过程可以形容为，一人说话，两人聆听——心理分析师竖耳聆听未被听到的话语，被漠视和忽略的事实、想法或感受。深刻理解"不值得关注的事情"是有帮助的。

娜塔莎·伦恩：想想爱与失去不同的联结方式，我想为人父母是否也是一场失去之旅？

斯蒂芬·格罗斯：与一位离开自己的诊所开始创业的学生聊天，安娜·弗洛伊德（Anna Freud）说："母亲的使命就是被留下。"尽管她并不是一位母亲，但说出了一个很好的观点——如果我们出色地完成了为人父母的任务，我们的孩子会长大成人——成为他（她）自己——并离开我们，拥有崭新的爱与生活。这个原则是真实的，而这种失去是痛苦的、喜乐参半。

娜塔莎·伦恩：关于爱与失去，哪些是您希望自己早先就能明白的？

斯蒂芬·格罗斯：帮助我们理解爱最有力的工具是痛苦。是它，让我们对自己的心有所了解。一九九一年，在一位密友离开世界、自己结束一段长期关系后，我读了安德烈·杜布斯（Andre Dubus）的自传体散文集《破碎的船只》(*Broken Vessels*)。

从波士顿开车回到马萨诸塞州黑弗里尔的路上，杜布斯中途停车，去帮助一对兄妹，路易斯（Luis）和鲁兹·圣地亚哥（Luz Santiago）。他们的车在高速路上抛锚了。在杜布斯帮助鲁兹将车停在路边时，一辆车突然转向，撞到了他们。路易斯当场死亡，鲁兹活了下来，因为杜布斯推了她一把。而杜布斯伤势严重，两条腿都被碾伤了。在一系列的手术失败后，他的右腿在膝盖以上的位置截肢了，并最终左腿的功能也丧失了。终其余生，他需要坐在轮椅上。杜布斯疯狂地挣扎、酗酒、抑郁；妻子也离开了他，带走了两位年幼的女儿。

杜布斯在名为《破损的船只》散文中分享了他的经验。他是一名坦率、诚实、慷慨的作家，他将自己描述为：英勇但恐惧、深思却空洞、有爱且残酷。《破损的船只》是关于人生的旅程——"人类痛苦非凡且共同的联结"。杜布斯形容道：

（我学会了）最重要的是，肢体表现了我们的精神状态：我们的选择、欲望、爱。我失去了身体的活动能力，失去了女儿们；但我还在。我的残疾像一座关于某些真相的活生生的雕塑：我们接受、我们失去，以及我们必须学会感恩；带着感恩之情，全身心地拥抱重创之后生活所剩余的部分。

从这个残酷的故事中，我明白了——爱与失去最极端的观点——即便我们所爱的一切都离去，从感恩中仍能获得慰藉。

梅勒尼和斯蒂芬都谈论了失去之后感恩的重要性——梅勒尼从快乐游戏中找到了它；斯蒂芬在朋友逝世后，通过阅读杜布斯的文字找到了它。在纸张上，它是优美的。然而，在最初几周混沌的痛苦中，找到一点点感恩的踪迹，是何其艰辛。我想起了一位联系过我的读者，她的姐姐在酒驾中丧生了，以及一位妈妈，她的儿子自杀了。在这些时刻，你如何期待她们具有感恩的心境？

做到"全身心地拥抱重创之后生活所剩余的部分"之前，首先，我们需要接受它们。也许这听起来显而易见，我们会与痛苦的真相撕扯——否认它、试图找到理由，或因为它的存在而诅咒宇宙。丹入睡很久之后，我将手机光亮藏在被子底下，在孤寂的深夜开始用谷歌搜索"流产的原因"，这就是我所做的。这是在假装，在一个失控的环境下，我仍有一丝掌控。但是，不论多少爱或努力都无法救活一条生命，或使之存在。它无法救活一个孩子，无法让父（母）多活一个月，或填补失去所留下的空洞。如果失去是生命必然的部分，正如斯蒂芬所告诉我的，那么接受也是。我需要与一个已经发现这一点的人聊一聊，尽管它是令人崩溃的事实。

*

《纽约客》的记者和作家艾瑞尔·利维经历了两次她无法控制的重创：儿子的死亡，以及几周后，她结束了一段十年之久的婚姻。第一次重创发生在蒙古，她在报道那里发生的一件事。在酒店的浴缸里，她独自一人生下了十九周大的儿子，不久后，他死在了她的手中。在她不同凡响的回忆录《不适用的规则》（*The Rules Do Not Apply*）中，她承认悲伤似乎从"每一个毛孔中溢出"。她在文章中提到自己的儿子："我闭上双眼，看到他，就像太阳的印记。"

悲伤中，艾瑞尔也陷入了爱情。她遇见了约翰——她现在的丈夫，这发生在蒙古医院的诊所里，她见到宝宝最后一面的地方。他是她的主治医生，回答了她关于自己身体情况的问题。我想和她聊聊，在痛苦的时刻遇见他，是一种什么样的感受。

与艾瑞尔的对话让我明白了，我们无法书写自己的人生，正如我们无法保护自己不受伤害。一开始，这似乎与我之前对谈所学到的相矛盾；爱是一种我们可以施加影响力的主动体验，而非被动的。而关于失去的对谈也证明了，其实相反的话也是正确的：我们并无法真正地掌控爱——或生活。然而，对于想要去爱的人，需要注意到两者之间的区别。正如艾瑞尔告诉我的，我们能选择的，是在面对诸如她所经历的沉重失去时，仍把爱放在首位。接受它并不是一个线性的、简单的过程。但她的故事说明，向无法改变的事实臣服，而非撕扯，并选择在剩余的人生中活在当下，会令人收获平静。

接受你所无法控制的
与艾瑞尔·利维的对谈

娜塔莎·伦恩：在经历失去之前，您与控制是什么关系呢？

艾瑞尔·利维：我并非A型人格。我没有控制欲。但我有一种基本的、特许的和潜在的观念，人生可以服从于我的意志。如果童年艰辛，你或许很快就能明白人生不会如你所愿，但假如你经历的一切都在正轨上，你很容易会认为没有事情会失控。

娜塔莎·伦恩：失去儿子怎样改变了您对控制的理解？

艾瑞尔·利维：这段经历在深层次上让我明白了：你无法一直得到自己想要的，你控制不了任何事物，以及除了心碎，你也获得了自由。

在嗜酒者家庭互助会（用以帮助嗜酒者的家庭成员），他们说："请赐予我平静，去接受我无法改变的；给予我勇气，去改变我能改变的；赐我智慧，分辨这二者的区别。"学习接受无法改变的事物，具有无比珍贵的价值。比较困难的是要具备智慧，才能分辨出可改变和不可改变的区别。我曾相信，只要可能，你可以认为规则是不适用的，应该试着去改变它们。而我作为人所经历的失去，使我的侧重点更偏向于：让我看看我所无法改变的，并努力接受。这是人生运作的方式。

娜塔莎·伦恩：从哪个角度来说，这是一种自由呢？

艾瑞尔·利维：我不太确定，这有多少是与失去相关，又多少是与临近中年有关，但我突然意识到，哦，我会老，会离开这个世界。令人感到自由的部分是，当你理解自己无法得到所有想要的，就会更容易平静下来。很显然，我们所说无法拥有的，不是指食物或住所。假如你的选择有限，那么继续自己的人生，而非一直琢磨如何能最好地利用人生，也许会稍微容易一些。现在，我觉得说出"这就是我的人生"更容易了。我并不去想，我是否可以最大限度地利用自己得到的？一切能更好吗？可以不同于现在吗？我会想，不，就是这样。我拥有的，就是这个人生。

娜塔莎·伦恩：这是否也改变了您对待爱的态度？

艾瑞尔·利维：它让我明白，你所能掌控的是自己如何对待爱以及自己是否选择把它放在第一位。坦诚地说，在第一段婚姻中，我没有把爱放在最重要的位置上，丈夫酗酒后，一切就失控了。酗酒会打破现有局面，因为它的不可控性深不可测。与被酒精奴役的家人一起生活，让人感到被背叛，就像自己被抛弃了，尽管对方也无能为力。最后，我明白了，你无法控制酗酒。对于无力控制有所理解后，我便有了一个概念的框架去接受两种失去。之前，接受对于我而言，从来都不是一种应对策略。

娜塔莎·伦恩：尽管意识到我们失去掌控会很痛苦，但当人生给予了我们未曾选择的东西时，这种失控是否也是美好的？比如，当您在蒙古失去儿子时，与医治您的医生相爱。在悲伤中陷入爱是一种什么样的感受呢？

艾瑞尔·利维：这始于一种强烈的情感频率，非常特别，与约会截然不同。举个例子，见面时，我在哭泣，全身是血。记得当时我觉得其他人看到的是假象，而他看见了真相。对于别人，我没有孩子；而对于他，我是一位失去了孩子的母亲。

不同于真正的约会，当我们开始约会时，我仍痛心疾首。我现在问他："你当时怎么知道我会是一个相处起来有趣的人？"因为我的处境并不有趣。他说："我会断断续续地做自己，然后又沉浸在悲痛中。"当时，我们生活在世界的两个角落，所以多年来，这不是一种全日候的关系，而我仍忙于处理自己的悲伤。其间，给约翰写电子邮件成为我的快乐源泉。有时，我觉得这是一种运气。还有时，我想，这是遇见一个人的好方式，当你悲伤时，除了做自己以外，你别无选择。我不可能再知道另一种方式了。它就是发生了。

我想说的是，约翰和我的相爱，并不意味着减少了第一次婚姻结束或失去孩子带来的痛苦。我们的关系很美妙，我非常珍视它，而它并不能修复其他创伤。我需要挺过这些。

有人认为爱能修复一切——而它并不能。你可以用它来转移注意力，但它并不能挪开你关于任何事物的痛苦，即便是一小点也做不到。你也许会想，假如我拥有一位伴侣，我就不会那么焦虑，其实不然，除非你能想明白，如何靠自己做到这些。拥有一位伴侣不会解决你的问题，它也不会令你成为另一个人。

娜塔莎·伦恩：您是否认为，最终我们需要依靠自己走出悲痛？

艾瑞尔·利维：是的。悲痛是孤独的。痛苦的隧道包裹着你。其他人在世间行走，而你生活在世界的另一个现实中。其他人无法体会你的处境。尽管如此，悲痛过于沉重，一人无法承担，这就是为何犹太人有七天服丧期。幸运的话，当你悲伤时，家人会照顾你，从而你能忍受悲痛。但没有人可以替你承受悲痛。你需要独自前行。

娜塔莎·伦恩：从那个现实中走出来后，您是否觉得自己每天的生活变得不同了？

艾瑞尔·利维：对于类似处境中的人，你拥有了更多的同理心。你看到，他们处于痛苦、脆弱的境地，你意识到这也是美好的，因为他们不设防、谦卑。你可以诚实地告诉他们："一切都会过去。有一天你醒来后，不用再面对这些。"当人们第一次经历悲痛时，他们会想：这是新的我吗？暂时是的——但并不会是永远。

一开始，悲痛是一切发生的语境。最后，它会消退。在你的头脑中，失去会降格为另一个角色。一开始，你活在悲痛中，接着，它存在于你的体内。我用了好几年时间才走出这个隧道，隧道中是强烈的痛苦。我不仅失去了宝宝，也失去了第一段婚姻，失去了年轻时的想法"一切都有解"。我需要面对一个崭新的、更为痛苦的现实。

娜塔莎·伦恩：在那之后，您尝试了试管婴儿，这是另一个需要让您面对缺乏控制力的经历。您怎样知道，自己何时准备停止治疗呢？

艾瑞尔·利维：尽管我停止治疗的原因是没钱了，不过我很感激自己这样做了。六次已经足够。试管婴儿让人筋疲力尽，它在规划和情感上占据了你的生活。每天，你需要抽血，需要注射，所有的一切与你拼尽全力想要的东西息息相关。每一次失败，我都会顺着漆黑的滑道，一坠到底，对于从未真正存在过的孩子有一种奇怪的、原始的渴望。于我，从情感上以及化学反应上，感觉就像失去了孩子。

我认识的人里，有在不断地经历试管婴儿的，并最终获得了自己想要的。这是最棘手的地方：你不知道它何时会发生。也许，不断尝试，你会成功。但在某一刻，我无法再继续了。我想，我不能像这样活着。我想要享受生活。我想在关系中活在当下。我无法在渴望的深渊中生活下去。

娜塔莎·伦恩：关于失去，哪些是您希望自己早先就能明白的？

艾瑞尔·利维：对于我们所有人，它都会来到。很显然，一些人比另一些人要幸运一些，但是每个人在某一刻都会遭遇意外。尽管你明白——从理论上说——你会失去身边的人，除非经历，否则难以让人相信。失去是交易的一部分；是为人的一部分；是活着的一部分。

*

我的祖母曾在一个水果农场摘草莓。她的女儿路易莎在她身旁的

三　如何面对爱的失去？　219

婴儿车里。关于这一刻，我有很多不知道的事情。我不知道这是怎样的一天，天空是蓝色还是灰色，这是一个清新的早晨还是闷热的午后，我不知道祖母穿着什么，她的手指是否沾着草莓汁，当婴儿车垮掉时她是否发出了尖叫，谁叫了救护车，谁给祖父打了电话，他是如何安抚她的，每一个人都做了什么。路易莎——我父亲的妹妹——在玩婴儿车，当她拉开安全闩时，婴儿车倒塌了。她二十个月时就离开了这个世界。

我对这一天的细节一无所知，是因为我的祖母从不谈及这次失去，而我也从未问起。我的姑姑——当时，她在场——并不想谈起这件事，对于这点我非常理解。我的父亲——当时在学校——不太记得这次事故。我直到二十多岁，才知道他还有另一个姐妹，那是他第一次告诉我，他记得他的母亲每一天都在哭，几乎哭了两年。他当时九岁，经常课后被送到母亲的朋友家玩耍，因为母亲常常处于一种他不能完全理解的悲伤中。

我知道的是，祖母想在她女儿的坟墓上放一个特别的十字架，但是教堂不允许，他们之间产生了争论，一家本地报刊报道了这次争议。很显然，之后我的祖母在宗教信仰上投入的时间甚少。我也知道，我的祖父要求对制造婴儿车的公司开展调查，这促使公司改变了设计，防止其他孩子遭遇同样的命运。了解之后，我想他是否在用这种方式让自己有用：付诸行动，做一些事，有一些掌控力。我会这样想，是因为我知道，这也是我父亲会做的事情。

我知道祖母收到了一封匿名信，指责她的疏忽。我觉得这是一种低级的恶意挑衅行为，远在互联网出现以前。我不懂为何有人——为何有人能够——给一个失去孩子的母亲写一封言辞刻薄的信，而不是送上宽慰的言语。我的祖母读了信后，责备自己了吗？希望没有。我希望她的朋友帮忙把信撕了，并告诉她，人通常是残酷的，而残酷的原因与残酷的对象关系不大。

我祖母那一代人与失去有着不同于今日的关系，餐桌上不能讨论死亡。也许，痛苦对于她，是一种私密的情感。也许她和特定的朋友、丈夫之间有谈论过，但我永远不可能知晓。我想，如果她的悲痛发生在今天，她的经历会有何种不同：她也许会在互联网上和其他失去孩子的女性联系，或参加丧亲支持组织，或每年在照片墙上贴一张女儿的照片，只是为了让世界知道她存在过。当然，悲痛既是个人的，也是全体的——不是所有人都能在分享中找到安宁或宽慰。但诸多与我对话过的人都在分享中得到过安慰，想到我的祖母未曾得到过同样的机会，这些对谈令我心生伤感。但它们也令我感到幸运，我生活的年代，人们开始可以在餐桌、办公室、书籍、超市过道里谈论悲痛。我知道后者成真，是因为流产后，我母亲在超市里遇到了一位老朋友。当她告诉对方我的遭遇后，她的朋友透露说，她在十年前经历了多次流产，而当时没有告诉任何人。母亲告诉我，那时"我们不谈论这些事"。与友人分享我的创伤后，母亲在不自知的情况下，鼓励她的朋友说出了自己的伤痛。一个坦诚的行为鼓舞了另一个人。

当我年长到能够理解祖母沉痛的悲伤时，似乎讨论为时已晚。我不确定她是否愿意与任何人讨论细节，在没有邀请的情况下，我似乎没有权利把她带回到创伤中。也许，她不愿意让自己再经历一遍失去。也许，她每天仍想着把女儿搂抱在怀中。她去年去世了，所以，我无从知道答案。当我父亲清理她的房子时，我问他在床头柜抽屉里有没有找到路易莎留下的回忆，一张照片或一缕头发。他说没有，只有我和弟弟在儿时给祖母写的信。

我父亲提出要给我买一辆婴儿车,因为他想送给我最安全的一款,那时,我想起了祖母的遭遇。在葬礼上,牧师提及祖母有一个名叫路易莎的女儿"不幸离世",这时,我又想到了祖母的创伤。当看到路易莎的名字在葬礼上白纸黑字地印着时,我感到有些奇怪,我们鲜少提及曾经存在过的她。我想到了所有从未问过祖母的问题——并非关于女儿的死亡,而是关于她的人生——以及我从未向她说过"我很抱歉"。我想到,人们死时,也会将自己的故事一同带走,除非我们花时间倾听。

*

我永远不可能知道谈论她女儿的离世会怎样——或是否能帮助到祖母。但我想要知道祖露悲伤能怎样帮助其他人——以及我们所有人。对于演员格雷·怀斯（Greg Wise）而言,谈论姐姐的离世是必要的。在他搬去与克莱尔同住,成为她全职的看护后,克莱尔于二〇一六年死于癌症,在她人生的最后几个月,她不希望其他人出现在身边——除了格雷,偶尔还有她最亲密的四个朋友——"A组"女孩们。我问格雷为何如此时,他说很可能是一系列原因之和:"真正生病时的'羞耻感';保护亲友,不让他们看到你病重的样子;无法或仅仅不愿开始任何'困难'的谈话;接待访客所需耗费的能量。"这意味着,三个月以来,格雷一直无时无刻不在陪伴着她。这段照顾即将离世的姐姐的经历,让他相信谈论死亡"是一种爱的行为",我们应该尝试做得更多。现在,他与克莱尔的关系继续存在,存在于他们共同的经历和回忆中,存在于他们曾共度时光的地方,存在于他与熟识她的人永恒的对话中。在家庭中，他将关于她的回忆一代一代地传递下去，她以这种方式，一直存在着。

格雷谈论他与克莱尔超越肉体生命之外的关系时，我想起了小说家黛安娜·伊文思曾经告诉我的："我的确认为，爱没有终点，你爱的人从不会真正离开你。你不会失去他们的爱，因为它给你的生命增添了一些东西。"亲友离世后，我们似乎仍在爱着对方，因为存在于我们与亲友之间的爱改变了我们，成为我们自己活生生的一部分，这是我们永远不会失去的一部分。

谈论死亡是一种爱的行为
与格雷·怀斯的对谈

娜塔莎·伦恩：失去姐姐克莱尔如何改变了您对爱的理解？

格雷·怀斯：首先，我想说的是我并没有弄丢（lose）她，她和我也不是擦肩而过——克莱尔去世了。你会在购物中心弄丢一个人。你会在高速公路上与人擦肩而过。对于使用的字眼，我们需要清晰。只有使用了合适的字眼，我们才可以探索这个话题。我姐姐的生命戛然而止，但奇怪的是，我们的关系并没有结束，它只是改变了。爱永恒的共振仍环抱着我。一开始，我无法把克莱尔想成自己开心、健康的姐姐，我陪伴病重的她太久。而现在，我又可以看到她开心的样子。在我的每一个梦境中，她活泼、开心，就像在我面前。我们仍然住在她曾居住的街区。大部分时候，当我路过她的公寓，我会想起她。她是我内在的一部分：我通过她认识了很多人，我们一起见证过的特殊事情仍存在于我的内心。有人说，需要经过两代人才能让一个人之前生活过的群体消除他（她）在群体对话和心理中的存在。我希望，我二十岁的女儿活到九十多岁时，还能继续讲述姑姑的故事，那时克莱尔就能活在别人的想象中。

娜塔莎·伦恩：你们之前关系如何？

格雷·怀斯：很多人说，"我不可能和我要死去的姐姐住在一起并照顾她"，或者，"天哪，我弟弟不可能为我做同样的事"。我们之间是一种奇特的、非同寻常的关系，也许是因为她没有选择走一条与伴侣相伴、生儿育女的人生道路。我想，我可能是她人生中主要的男性角色，否则本应是她的爱人出马，而我非常感谢我太太艾玛理解和尊重这一点。虽然，她偶尔会说，"不，嘿，她需要自己搞定"，但紧接着，她又会说，"不，你当然得去帮忙"。当克莱尔需要全天看护时，毫无疑问，我得挺身而出。很显然，我很幸运没有一份"像样"的工作，所以可以抛下一切赶过去。

娜塔莎·伦恩：她的死是否改变了您？

格雷·怀斯：我们被身边重要亲友的离世所改变。克莱尔的死让我知道，尽管死亡对于我们如同外语，但它极其重要。谈论死亡是一种爱的行为。经历过在床边陪伴她的诸多时刻，知道她即将离世，现在的我成为一个不同的却更好的自己。这如同爬山，拓展了自我；一旦挺过当时的不适，就意味着你经过了考验。我们永远不会知道，自己会不会冲进燃烧中的建筑，救出里面的孩子，直到自己真实地站在这样的一栋建筑外面。你不能说，"我会"，因为你并不知道。最后，我经受住了情感创伤，成为更善解人意、更懂得感恩、更能活在当下、更充满希望的自己。所有这些，都来自这段痛苦的时光，而这段时光在我的生命中本来是暗淡无光的。

娜塔莎·伦恩：它是如何让您觉得充满希望的？这是一个有趣的

词，来自如此艰难的一段经历。

格雷·怀斯：这取决于你要问我什么了。我曾想，要是我确诊晚期的话，我就会带着一瓶威士忌，消失到山里去，选择这种可爱的、低温方式结束自己的生命。现在，我不会这样想了，我知道对于那些爱我的人而言，这样太残酷了。这并不意味着，我不会有想说"停下，够了，我要离开这里"的时刻，但我知道，和姐姐在一起的最后几个月让我们之间形成了一种特殊关系，这在其他情况下是不可能的。一天中，有二十三小时五十八分钟都是黑暗的，然而，我们有宝石般微小的欢乐，也许只有十或二十秒长。克莱尔醒来时，脸上挂着笑容。或者痛苦中，我们一起欢笑的小小胜利。

在她死后，我变得更容易体会到这些微小的时刻。克莱尔刚离世时，我步行在苏格兰高地的西海岸上，看到一片金色的树皮，它挡住了太阳。几周前，我看到了另一片白桦树皮，薄如纸张，被冬日斜阳所照亮。我似乎脱了一层壳，现在没有任何东西可以阻止我走在自己的轨道上，我能够真正地看到它，跟随心意去做。我理解到人生是有限的，这是我之前所不能够的。此外，作为一名全天候的看护人，你所需要做的就是在场。除了陪伴，别无他法。

娜塔莎·伦恩：克莱尔生病时，您和她一起生活，照顾她，会有很多孤独的时光。那是什么样的呢？

格雷·怀斯：我不太喜欢社交，独处对我来说问题不大。但是我也快疯了。没有支持体系，作为唯一在场的人，较为艰难的部分是所必需的责任感、关注力、冷静和慈悲。本地的善终医院很好。无论何时，我去那里拿处方，医护人员都会把我拉到一个房间里，问我："你怎样了？"我回答道："这一切并不是关于我。"他们接着说："当然，这与你相关。"底线是：假如看护员病了，看护便无从谈起。我不知道自己还能坚持多久，事实上，我震惊于有人能够年复一年地坚持下去。但总会有缺乏韧性或爱的时候，你会感到筋疲力尽或心惊胆战。有几天，会有将她推去洗手间或帮她下床的小胜利。帮助宝宝与帮助一名临终人士之间有一面黑镜。我想，死亡所需要的关注，与出生是相同的。《好好告别》(*With the End in Mind*)的作者凯瑟琳·曼尼克斯（Kathryn Mannix）曾经说过，我们人生中有两天少于二十四小时：出生的那一天和死亡的那一天；对于后者，我们应该给予全身心的关注，正如对待前者那样。我们必须谈论这个艰难的话题，因为这颗星球上所有人都会死亡。我们需要问问：我想要怎样结束生命？然后，和家人聊一聊，或把它写下来。就是这样简单。对待死亡，我们需要成熟一点。

娜塔莎·伦恩：我们不仅缺少对待死亡的周密安排，也许，还缺少对待（家人离世的）悲痛的处理方式？

格雷·怀斯：（家人离世的）悲痛有意思的地方在于，你无法控制它，这就是为何英国政府官方指南上，对于家人或伴侣离世，规定了两天假期。悲痛的早期，就像呕吐一样。你感到它先从膝盖开始，渐渐地蔓延至全身。对于任何一个处于这个悲痛阶段的人，我会说："不要评论它，不要抗拒它——欢迎它。这个重要的净化过程是治愈的一部分。"而我开始理解到，我感受到的悲痛与爱相当。

我们也需要找到一种方式，问自己，在那些时刻，自己想要什么。不同的人需要不同的东西：有人想要被拥抱，有人想要安静地与某人坐在一起。而我需要独处。我去了我们在苏格兰的小屋，在那里待了十天，在清新的空气中、在雨露中、在美轮美奂的光线下，干农活。置身于野外、开放的空间中，于我至关重要。我开始更加意识到，我们生活在一个四季轮回的世界中。和自然一样，生活也是有季节的。看到自然中生—死—腐烂的循环让我明白了一切。姐姐的身体微粒现在飞到了宇宙中，重新组成了任何一种它们将要重建的东西。我意识到，在自然界中，没有死亡，就没有新生。枯死的树木坠落到地面上，它们将会成为滋养树木、为幼苗提供生长的养分。枯死的树木给予了小幼苗生长时所需的所有养分。

娜塔莎·伦恩：如此近距离地观察克莱尔的死亡如何改变了您对死亡的看法？

格雷·怀斯：过去的种种经历在我们身上绘制了地图。看看我的双手，这是我人生的故事。我可以告诉你，所有凹凸不平、裂口、伤疤是在哪里形成的。是它们让我成为我。同样地，心碎也让我成为我，与星球上任何一个人都不同的我。当女儿膝盖裂了一个口子，跑过公园小径时，我不会太介意，因为现在这已经成为她人生故事的一部分。四十年以后，她会说，"这是三岁时，我从秋千掉下来受伤的地方"，这将会是一则家庭故事。因此，我的外在形象是经年累月身体创伤的结果，而我的内在是由情感破裂、早年的心碎，以及近年经历的死亡（如克莱尔）所塑造的。亲友死亡所留下的空洞构成了我们生命的纹理。时间流逝会让空虚感变得缓和。它将永远存在于某些讲述中，我们要有意识地将这些随心携带——美好的和悲伤的。编织摩洛哥地毯时，黑色和红色比重相当，这是人们眼中的快乐和不幸。生活是它们之间的平衡，因为黑色部分的存在，我们才会更享受红色的部分。

娜塔莎·伦恩：关于爱和失去，哪些是您希望自己早先就能明白的？

格雷·怀斯：爱，并不需要你做那么多事情。而在失去时，假如有人离开了这个世界，不要给他们的伴侣送花——而是寄给他们一只熟鸡。

*

与格雷的交谈，让我想起了一位名叫乔·哈蒙德（Joe Hammond）的作家，当他快死于运动神经元疾病时，我采访了他。我们谈论知道自己将会死亡如何改变了他对生命的理解，以及最终什么是最有意义的。他告诉我，身体的脆弱让他更开放、更诚实。他学会了接纳别人，向朋友们坦诚困扰的情绪，把自负放在一边。但回答中，最打动我的是，自诊断后，他从更少的事物中获取快乐的能力。使用人眼跟踪技术（eye-gaze technology），他写道：

几天前，那一瞬间，我七岁的儿子汤姆停下了他漫无目的的奔跑，在我的轮椅旁停住。他把脸颊放在我上臂柔软的外侧,用他的手指抚摸我骨瘦如柴的手。他发出了一个声音,介于哼鸣和吱吱声之间。这一切发生了一点五秒的时间。接着,他跑开了。

那一刻,在这件事的余晖中,我能感受到的快乐和欣喜,比得上任何一件我健全的身体所曾经经历的事。为了感受到喜悦,最重要的是渴望。我可以想象,当一只孤单的蚂蚁穿过砖墙,来到被囚禁之人的巢穴时,他们所能感受到的快乐。从更少的事物中收获良多。

我读了很多次他的答案,尝试将它永远印在我脑海中的某处,就像我在卧室墙上贴的小条,每晚睡觉前我都会盯着看,并牢记。我想到,格雷描述姐姐得了癌症后,他更容易看到闪光的细节——黯淡的一天中欢笑的胜利;冬日斜阳照亮的白桦树皮。从更少的事物中收获良多。因为这也是格雷所说的:花上少许时间,与死亡相伴,让他更能感受到意义散发的小小微光。

创作一个故事时,我采访了苏西·奥巴赫,她告诉我,作为一个群体,除非我们不幸经历了身边有人英年早逝,否则我们现在已经不习惯死亡的概念了。人们与同龄人的生活时间更长——也许是爱人或是孩子,而不是上一代——这使我们远离死亡。而格雷告诉我们,让死亡回到生活中,可以收获诸多,不论是在现实层面上(了解一位家庭成员想如何死去),还是在情感层面上(培养希望、感恩和坚韧)。我们也许会对死亡避而不谈,因为我们无法想象失去所爱,而事实上,避而不谈是因为我们把家人的存在视为理所当然。也许,直面真相——假如幸运的话,我们将与他们相伴几十年,而非几个世纪——我们更能记得看向他们的脸庞,而不是自己的手机屏幕。

*

正如格雷所说,身边亲友的死亡塑造并永远改变了我们。过去,当我想到,失去亲近的人将如何改变我,我总会产生一些负面的念头。假如丹不在的话,我也许会搞砸事情——怎么烹饪一块肉,怎样让植物活着——或者,当有趣的事情发生而我无人分享时,悲伤突如其来。又或者,当我拿起他曾握过的锅柄时,我不记得他的手曾有过的温暖。我琢磨着他的离去会留下的黑洞。而我没有去想,我们给予彼此积极的影响,我们所保存并与之学习的所有永恒的良善的痕迹,甚至死后,我们如何在彼此的内心活下去。

从失去中获得这些并不受欢迎的礼物,几乎给予不了什么宽慰。假如所爱之人可以归还,心碎可以抚平,我们肯定会急切企求。但我想和一个人聊一聊,能够清楚看到、了解和爱一个人,如何以一种美妙的方式改变他们人生的方向,即便那个人已经死去。

记者盖瑞·扬(Gary Young)的母亲在他十九岁时离开了这个世界,而她正是做到了这一点。她留给他的影响,存在于他做出的每一个决定,从餐厅点菜到下一步职业选择。母亲的死是发生在他身上的最糟糕的事情。然而,它也给予了他指引,鼓励他追求体验,而非财富的积累;鼓励他优先考虑当下的快乐,而非延迟满足。

由失去带来的意外礼物
与盖瑞·扬的对谈

娜塔莎·伦恩：青少年时期，您和母亲的关系是怎样的？

盖瑞·扬：我们的关系经历过几次变化。她属于主导、强势的性格，幼年时，我们的关系并不好，更像是"按照我说的做"。我也是家中最小的，所以当哥哥们慢慢离开家之后，就只剩下我和她了。我和母亲的关系的转折点，发生在我十七岁时去苏丹的联合国难民署（UNHCR）难民学校工作。我记得，她坚持让我带上避孕套，我心想，咳，太可怕了！（但不管怎样，她坚持要我放进行李箱中。）

年少时，你总是以自我为中心，常常不在意其他人。在一个地方花上一年与自己独处，给了我很多时间去回顾，母亲作为一个单亲妈妈为我们所做的一切。在我一岁时，父亲离开了，所以她独自抚养我们长大。这趟出行改变了我们的关系，回来后，我们成了朋友。我喜欢和她待在一起。这非常幸运，因为她在两年后去世了。我的确必须告诉她，以一种不常有的方式，我在哪些方面思念着她，即便是以我那懵懂的青少年的方式。我需要以一种更有爱和更成熟的方式与她相处。我非常感恩于此。

娜塔莎·伦恩：母亲的意外离世怎样改变了您的人生观？

盖瑞·扬：这难以知道，因为你无法对已有结果进行假设；她无法以别的方式离开。所有的死亡不都是如此？你永远无法知道，假如境况不同，是会更为艰难，还是更为轻松。她只有四十四岁，一切太突然了。她本应来爱丁堡，当时我在那里上大学，但就在她乘坐巴士去做每周采购的前一天，回到家后，在睡梦中死去了。我的讲师把这个消息告诉我，我一个字也听不进去。她的死让我六神无主。有一阵子，这让我无家可归。第一个圣诞节，我大哥好心邀请我去他在伦敦的家。之后，我在爱丁堡度过圣诞节。但那不是家，只是一个临时的居所，就像大家在大学时那样。我失去了真正意义上的家，对生活只是敷衍了事。我记得，我去大学的一条巴士路线会经过爱丁堡土丘。晴朗的日子里，你会看到水边有一栋漂亮的房子。每次坐巴士到那个地点，我就会眺望窗外，心想，我不知道自己在这里做什么。这个地方和我一点关系都没有。并不是说，它不能和我产生关系，而是在我悲痛万分时，它和我没有任何联系。

娜塔莎·伦恩：您何时看到了伴随失去而来的意外礼物呢？

盖瑞·扬：第二年的大学生活非常艰难，她的离开也没有教给我任何东西。一切尚未到来，她的离世并没有带来即刻的顿悟；我当时只知道那是我人生中最沉重的一击。缓慢地，逐渐地，它的启示伴随着经验而来。最重要的一点是，我对于自己也会离开这个世界有了敏锐的觉知。我明白了，没有人会为你找到一个好的人生，你需要为自己寻找。你需要尽你所能、尽你所知地过好自己的人生。人生是有限的。它会充满欢乐，也可能索然无味，这取决于你。

这个意识不同于你焦虑地担心自己随时会死，我从不这样想。生命的确随时可能停止，但我从不觉得自己的生命会面临紧急危险，因为它一直处于危险中，我应该好好地度过它。这个态度意味着，我拒绝接受乏味的工作，拒绝做不情愿的决定，哪怕它有可能带给我足够的收入，让我在未来干一些有趣的事情。我没有时间等待延迟满足。浪费当下的时间，看起来代价太大。这并非指"及时行乐、挥霍青春"的意思，而是清楚自己想要什么——开心、满足和自由——所以，我不愿意去做任何与之背道而驰的事情。我按照自己的原则，积极努力着。的确，我们都要做一些违心的事，但选择一份你痛恨的工作，只是因为它会让你今后的人生更好？这对我说不通。

娜塔莎·伦恩：现在，这些又是如何指导您的人生的呢？

盖瑞·扬：它从未离开过我。它存在于小事中——比如点龙虾的决定，也存在于大事中——比如我离开工作了二十六年的《卫报》，从一名专栏作家成为一名学者。我当时想，我不愿意死时还在从事这份工作，我想死在别处。现在，仍有人问我为何离开，我的回答是：如果我不愿意，那就不应该把我余下的人生都浪费在这件事情上，是吧？作为一个侥幸从工人阶层跃升到中产阶级的人，这个观点对我来说很管用。我常和自己说，会发生的、最糟糕的事情是什么呢？我说了很多遍，直到我不再需要为止。在我身上可能发生的最糟糕的事情已经发生了——母亲离世了——给我留下了无畏感。它给予了我用来做决定的标尺。很多时候，你做决策时，其实已经知晓了答案，你只需要坚持自己认为正确的事情。

娜塔莎·伦恩：对于这个认知，您如何平衡它与财务安全的关系呢？

盖瑞·扬：平衡很重要。十九岁时，母亲的离世让我必须依靠自己。安排预算并不是我年纪大后才锻炼出来的技能；假如我不提前掌握，很可能会没饭吃。我一直有财务危机感，因为我们成长在贫穷的环境中，但母亲的离世加重了一切。所以，涉及一些重要的事情时，比如说还房贷，我会谨慎。失去母亲让我明白，我看重的是体验，而非财富积累。我对生存、度假、拥有所有能带给我孩子安稳生活的一切感兴趣，因为我知道，当你离开这个世界，你无法把这些一起带走。如果你总是购物，总是想拥有更多，你永远无法满足。我从未看到有人因追求财富，而更为快乐。这并不意味着，物质对于我毫无意义——我想要让家人拥有财务安全——但它们只是实现目的的手段，目的就是生活本身。母亲的离世增强了我的这个信念。我看到了，她人生的真正价值，在于她所施加的影响和留下的印记。

娜塔莎·伦恩：她的离开是否改变了您对爱的看法？

盖瑞·扬：最初，这让我变得有戒备心，很容易生气。我记得当时心想，我在这个世界上孑然一身，我需要保护自己，我无法脆弱。进入一段关系时，这不是一种理想的心理模式。

我并不会因为母亲的离开，而担心我爱的其他人也会死去，但我不希望身边有不靠谱的人。我对于约会的策略是：一看到枪林弹雨，感到崩溃时，就继续往前走。如果我要选择一位伴侣，她需要有活力、有安全感、坚强。我想，这意味着，我在爱的关系中会往后撤。我不是一个容易相处的人。但这也意味着我对于不好的关系容忍度很低。此外，我忙于生活，爱是我人生的一部分，而非全部。

娜塔莎·伦恩：关于爱和失去，哪些是您希望自己早先就能明白的？

盖瑞·扬：悲伤会逐渐平稳。我曾特地标注母亲的丧日和她的生日，而现在，我不再这样做了。当悲伤蔓延至你全身的觉知时，里程碑将会淡化。一开始，它像铅块一样沉重，无论走到哪里，你都扛着。你能一直觉察到它的重量。然而，随着时间的推移，这份沉重遍及你的人生。你不再负重前行，因为沉重已内化于你。现在，母亲已经成为我自己的一部分。

*

和盖瑞交谈时，我发现有一个主题贯穿了我们所有的对话：总是想要更多。埃丝特·佩瑞尔谈到了消费者心理，它让我们以为在关系中"我可以做得更好"；阿依莎·马利克说起，我们总是忙于追求外在的东西，而忽视了自己的样子；艾米丽·纳高斯基认为我们将自发欲望放在优先位置上，因为资本主义让我们保持在一种想要的状态中。一直渴求的状态是爱的另一种敌人，它使我们遗忘，人生真正的价值是我们对其他人所施加的影响，就像盖瑞的母亲对他的影响那样。

几年前，我工作的杂志公开了一封读者来信，这封信回应了一篇关于离婚的文章。她来信说，离婚对于她，比死亡更可怕。她哀痛自己失去了丈夫，还失去了他们共同构建的生活，生活变得面目全非。她说道，如果丈夫死去，至少，她对他，以及他对她的爱，还能起到宽慰作用。想起他们的关系时，她还可以心生欢喜，回忆中没有背叛的烙印。

刊登了这封信后，我们收到了一封电邮，这是来自另一位读者的投诉。这位读者，惊讶于"离婚会比死亡更糟糕"这个想法。她的丈夫去世了；她希望他还活着。有人把她的失去与另一种与生死无关的失去作比较，她感到被冒犯了。

我理解这两位女性的视角，但悲伤并无高低之分。我们不能把各自的失去排在一起，并指望有人来确认哪一种失去最糟糕。一段为期三个月的关系结束时，我肝肠寸断，而一段两年半的关系结束后，我只是略微有些伤心。我知道，失去狗和失去一位家人，我的爸爸会感受到一样悲伤。我认识的一些朋友，他们觉得为人父母的最初阶段比流产更痛苦；还有一些人，他们认为看着父母老去，比看到他们离世更难过。心碎因人而异，且杂乱无章，对任何人的经历进行比较都是不恰当的。

作家丽莎·塔迪奥（Lisa Taddeo）相信，当我们以这种方式比较和评判人们的悲伤时，我们常常因为自己的羞耻心，不必要地伤害了彼此。这是为何她在畅销书《三个女人》（*Three Women*）中，用了八年时间跟踪了三位女性的性生活和情感生活。它既关于性渴望，也关于女性如何评判彼此，以及这种评判所带来的痛苦涟漪。

失去时，人们倾向于寻求一种容易的结局，其中，悲伤逐渐变淡。

尽管盖瑞觉得，经过这些年，他的悲伤情绪变得平稳，但丽莎并不觉得如此。自她的父母在二十年前去世后——父亲死于车祸，母亲五年后死于肺癌——她一直活在失去他人的恐惧中。和她在一起，我想探索一种孤独感和浓度都不会减弱的悲伤，也许，我们可以试图明白身陷其中是何感受。有一件事是明白的：因为丽莎切身地感受过悲伤的孤独感，她不希望别人感受到和她一样的孤独。正是这种渴求，让她与痛苦中的人们相连，去分享他们的故事。尽管她仍无法接受双亲的离开，但能感受到其他人心灵痛苦的能力，对我而言，就像是一种希望的行动。

失去的孤独
与丽莎·塔迪奥的对谈

娜塔莎·伦恩：您的父母亲在二十年前就去世了。随着时间的推移，您的悲伤情绪是否有所改变？您和它是一种怎样的关系呢？

丽莎·塔迪奥：我先生认为，我仍然没有接受父母的离世，这是事实。有人应对得比我好。应对得更好并不意味着，他们本人比我好，而是有人能够更轻松地处理它。当人们走出失去的重创，回过头去看痛苦中的其他人，已无法对他们的痛苦感同身受。此外，我的身份与作为我父亲的女儿紧密相连，这个身份的剥夺让我迷失，不确定自己是谁。当他离开这个世界时，当时的我也一同离开了。他的死重塑了我。简而言之，我变得不那么开心，更愤世嫉俗了。

娜塔莎·伦恩：早年的失去如何改变了您对于爱和关系的看法？

丽莎·塔迪奥：我想，有时你会在关系中寻找自己失去的部分。父亲去世时，我才二十三岁，所以我不太可能想到别的。我会在半夜尖叫着醒来。复工后，我开始和办公室的一位男同事在社交软件上调情。那时，我有一位交往了七年的男朋友，父亲死后，我有些无视他。尽管我和同事之间没有发生什么，但刺激和新鲜感对于我是一种逃脱。

一开始，我是如此痛苦，我希望周围有人陪着，我可以依靠他。

但最终，工作中这个短暂的恋曲让我思考，我不想再继续下去了，我和男朋友分手了。对一个人感兴趣，让我意识到，另一段关系是如此虚伪。它以某种方式拯救了我。悲剧之后，有时欲望像是一种无法否认的重磅炸弹。有时，一场刚刚发生的失去就像是在给你的眼镜除霜。

娜塔莎·伦恩：除了分散注意力之外，您是否认为欲望也是失去的反面？也许，通过它，我们试图提醒自己，活着是一种什么样的感受？

丽莎·塔迪奥：是的，完全同意。当你处在悲伤中，你会完全活在那个世界里。你和其他人生活的世界是脱节的。穿越黑暗是如此痛苦，你寻找着一些东西——任何东西——可以把你拉回到一个更快乐的世界中。

娜塔莎·伦恩：失去双亲，是否改变了伴侣身上吸引您的特质？

丽莎·塔迪奥：几乎立刻改变了，失去父亲改变了我看待爱的方式，以及我对于爱的诉求。它让我寻找一位有着优质父母的男士来填补那个空缺，我不再喜欢自己在二十多岁时约会的男士，因为他们比不上我的父亲。我也一直有种恐惧，害怕别人会离开我。所以，我假装自己从任何人那里不需要任何东西，而其实，我是那么需要，我害怕有人会看穿我。

即便是今天，我还在做这一件可怕的事情——我希望自己能停下来——把自己对于照顾的渴求，放在伴侣身上。我希望他能像父亲一样照顾我。比如说,父亲一直会给我的汽车里加满汽油。现在,如果我的邮箱快空了,我会想,为什么他不加上汽油?

娜塔莎·伦恩:父亲离开后,看着您的母亲处理自己的悲痛情绪是什么样的体验呢?您如何应对您和她的悲痛?

丽莎·塔迪奥:这很可怕。我母亲不会开车,也不会填写支票。每一件事,她都依赖我父亲。二十六岁时,她从意大利搬到美国,怀了我哥哥,在家里通过看电视节目学英语。晚上,我父亲会带她去打折商店购物,这是她喜欢做的全部事情了。她非常知足,他们之间有着一个美好的关系,当父亲去世后,她似乎也一无所有了。

他死后,我搬回家住,开始承担起父亲的角色,安抚着我自己以及母亲的悲伤。我记得自己开始在《高尔夫杂志》(*Golf Magazine*)工作,仲春时,在法国阿维尼翁,我报道了一期锦标赛。我们住在一个鲜花簇锦的旅馆里,我从未见过如此美丽的景象。我说:"妈,快看,真美啊。"她一言不发,任何东西都无法击破她的悲伤。回家后,她说"回想起来,真的非常美"。我能理解早先她为何无法表达出这个想法。看着她经历这些,对我而言并非易事。似乎,她也不想再活下去了。

娜塔莎·伦恩:我想,看到家人悲痛的样子很可怕,因为这一刻,您会意识到他们也是脆弱的人类。

丽莎·塔迪奥:我从未觉得我的父亲是凡人,但我看到了母亲被悲伤折磨的样子。我一直在想，如果我的父亲晚于母亲离开这个世界会怎样？他会如何面对呢？我想，他会把很多的关注点放在我身上，确保我一切正常，而我的母亲已经无法扮演好她的角色，照料不复存在。父亲去世后，我再也不记得有被照顾过的感受。之前，我从未考虑过这些，但我想，也许这是父亲离世给予了我沉重打击的原因之一。

娜塔莎·伦恩：关于眼下发生的各种事情，您是否会去琢磨父亲的反应？

丽莎·塔迪奥：我和先生昨晚就讨论过了。我问："你觉得我的父亲会为我感到骄傲吗？"他接着说："会的。"我每天都会想，我有一位先生和一个女儿，而我父母从未见过他们。这是多么残酷。

娜塔莎·伦恩：您经历的失去，和您对发生在其他人身上的故事的好奇心是否紧密相关？

丽莎·塔迪奥：百分之百是的。父亲去世时，我想，我不希望任何人感受到这种痛苦。那种感受持续了很多年，它仍然还在。这就是为何我不希望自己写作时采访的女性独自感受悲痛，因为我知道暗自悲伤是最糟糕的处境。

坏事发生时，你需要问问自己：从痛苦中学到的东西，我如何以积极的方式反馈给这个世界，而不是在黑暗中独影阑珊。对于我，也有自私的成分。坐着倾听他人，消失在他们的思绪中，而不是和自己单独相处，这让我感受良好。帮助别人，对自己是有益的，也是治愈的。

娜塔莎·伦恩：我们在第一次对谈时，您和我分享了流产之后为了怀孕而做出的各种疯狂举动，这帮助到了我。听了这件事对您的影响，让我觉得，也许，我并没有疯。

丽莎·塔迪奥：流产前，我甚至不确定自己是否想要孩子，经历了流产后，不想要孩子的想法似乎是疯了。流产最残酷的一点是，人们无法理解你的痛苦。如果有人丢失了一只猫，而猫是他们世界中最重要的存在，于我而言，这应该被认真对待——这和痛失亲友是一样的。人们要管理悲伤，并决定谁的悲伤需要更多的关注，是多么奇怪呀。事实上，我并不认为流产之后深深的丧失感会消逝。我的先生不理解我为何仍在想这件事，即便现在我们又有了一个孩子。

娜塔莎·伦恩：关于爱和失去，哪些是您希望自己早先就能明白的？

丽莎·塔迪奥：我仍像一个步行球，诚惶诚恐，尝试着不要失去任何人。如果要说我学到了什么，那就是承认自己处于痛苦之中是治愈的一部分，以及要对彼此友善。评判他人的痛苦于我而言是奇怪的。通常情况下，评判只是伪装过的羞耻心或嫉妒。

*

丽莎提醒我，虽然失去让爱变得更深入，并创造了意义，但它仍是丑陋和冷酷的。我们失去的不仅仅是人：丽莎失去了父亲，紧接着也失去了她的身份认同；盖瑞失去了他的母亲，接着他失去了家的感受。一开始，他们经历了悲痛本身，接着，悲痛的回声跟随着他们。

对于失去，一个尤为痛苦的回声是孤独。感觉其他人都生活在另一个不同的、更快乐的世界，而你被挡在窗子外面，向里看，却无法参与。而这至少是我们能拥有掌控力的一个方面。尽管没有人可以修复我们的悲痛，正如丽莎让我们知道的那样，向彼此承认我们处于痛苦之中，是疗愈的开始。

*

我记得很清楚，自己读完《当呼吸化为空气》（*When Breath Becomes Air*）时身在何处：意大利北部布雷西亚的火车上。丹睡着了，他把头搁在我的肩膀上。当我看着他，我想：我们在一起还能多久？我默默地许诺要把爱放在所有事情的第一位，因为我认为这本书想要说的是，爱是一生中最重要的事情。但直到和作者的妻子露西·卡拉尼什聊了之后，我才明白自己没有领会它的全部含义。

《当呼吸化为空气》是一本关于生死的回忆录，作者是美国神经外科医生保罗·卡拉尼什，写作时，他正在与无法手术的肺癌做搏斗。这本书的销量超过一百万册。在他三十六岁去世后，露西负责了这本书的出版。看着他死去的经历，她需要在头脑中同时面对死亡、生命和爱。而保罗的书不仅仅关于爱，它还是对意义坚持不懈的追求，是一趟理解人类痛苦的旅程。因为，正如露西最后补充说的，爱并不是唯一重要的事。

当她告诉我这一点时，我之前在诸多对话中有过的感受又出现了：

令人费解,却又令人满意的思想重组。我还有一次感受到它,是格雷·怀斯告诉我人们去世时我们并不会真的失去他们。海瑟·赫里雷斯基和艾瑞尔·利维告诉我,他们通过电邮的方式开始了一段关系,尽管他们之前认为这并不是开启浪漫关系的好方式,这也让我有同样的感受。每当我形成了一个观点,另一个答案的出现会让我的想法随之改变。这个过程本身是一堂课:关于爱,不管我们谈论了多少,我们永远不可能找到固定的模式来应对它的挑战。正如芭芭拉·金索沃所写:"任何一件你确信是正确的事,换个地方,可能就是错误的。"意识到答案会一直发生变化,而具体的答案取决于我们在漫长人生中所处的位置,这一点令人感到卑微和宽慰。

然而,在爱里,有一件事是不会改变的,那就是爱的意愿。当露西说保罗的离世改变了她为女儿设定的目标时,我清晰地看到了这一点。露西没有把关注力放在凯蒂的成就上,而是希望她在人生中能够拥有爱和联结。这非同寻常,因为我从未听过有人将这些字眼当作目标。目标是在工作年度考核中,或在每年一月一日的新年决心中,希望当年取得更多收获(通过驾驶考试、获得加薪)。我也从未将这些列为目标:一年会见一位老朋友四次而不是两次、将楼上的邻居请下楼喝一杯、给我姑姑打电话。我很爱和姑姑聊天,但只在圣诞节见过她。我想,假如我们的目标是联结而非实现,那人生将会多么不同。

联结也无须具有明显的形式。露西告诉我,我们的对话会支撑她度过一天的剩余时光,我也有同样的感受。试图理解有意义的事,或花费时间真正倾听他人的故事——甚至包括陌生人——可以改变你一天的状态。这是另一件值得感恩的事情,而它很容易被忽略。通过这种方式我们可以走近彼此,以及走近我们的感受。

三 如何面对爱的失去? 245

最终什么最重要
与露西·卡拉尼什的对谈

娜塔莎·伦恩：保罗去世后，您对他的爱，在您的人生中继续扮演什么样的角色呢？

露西·卡拉尼什：我最先想到的是C.S.刘易斯的那句话："丧偶并不是婚姻中爱的终止，而只是它的一个常规阶段……我们希望平稳且忠贞地度过婚姻的这个阶段。"保罗去世后，我想，哦，天哪，这段婚姻结束了。保罗是我的家人，也是凯蒂的父亲。我并未和他分开。我仍爱着他。这并不是说，我们还在婚姻中，我不能再爱上别人。但每个人都知道，假如你的孩子离开了这个世界，你又有了另一个孩子，那你也不会停止对第一个孩子的爱。当我再次约会时，我的情况很相似——像是同时与两人相爱。

娜塔莎·伦恩：对于保罗的回忆，您是如何将它融入您和女儿的日常生活中的？

露西·卡拉尼什：我们每个月都会一起去他的墓地两次。我喜爱那里。昨天，我们开车经过曾经居住过的小镇，我突然觉得自己距离保罗很近。有种伤感之情，新餐馆代替了我们曾经约会的旧餐馆。我对于新餐馆有一种深深的厌恶感。当我来到一家仍在营业的旧时餐馆时，我朝着那个方向亲吻了空气。最近我看到他新书上的照片时，也做了相同的事情；我条件反射地抬起了下巴，朝着他的方向亲吻空气。这不是一个刻意的举动，当我感觉到保罗突然出现时，就会这样做：当他出现在照片中、浮现在记忆里，或者我开车经过旧日餐馆时。无论何时，我发自肺腑想要触摸他时，就会亲吻空气。

我们的房子里还有他的照片，我向凯蒂谈起他，现在凯蒂已经五岁半了，我会特别向她强调他俩相似的地方。比方说，当她特别想洗滚烫的热水澡，或淋滚烫的热水浴时，我会说"这就像爸爸，他特别喜欢滚烫的水"。我这样做，一部分原因是，对她而言，在某些时刻知道自己哪些方面像爸爸是很重要的；另一部分原因是让她知道谈论爸爸是可以的。他的确存在。他是第一个搂抱过她的人。

保罗去世时，她八个月大，有时凯蒂很伤心，因为她没有关于爸爸的回忆。我说："有时，你不记得一些事情，但你记得它们给予你的感受。当你想起爸爸的时候，如果你有一种温暖的感受，这就是你记得他的方式。"这对于她似乎是合理的。

娜塔莎·伦恩：在保罗生命的最后几个月，您的爱是否发生了变化？

露西·卡拉尼什：爱变得宽广了。由于时间的缺少、工作压力加身，保罗和我在婚姻中经历过一段艰难岁月。当他确诊后，我对他的爱变得更无条件。我并不是说，夫妻间的爱应该是无条件的——从某种意义上说，很显然，它总是附带条件的——而那时，我看保罗的时候，有一种空间感，也没有了怨恨，这是我在之前所没有过的。

在严重的诊断面前，鸡毛蒜皮的事情都不值得一提。你的头脑留有更多的空间给重要的事情。我也认为时间会改变一切。很显然，我们知道保罗不会有太多时间；那时，他只剩下几个月到几年时间（他最终活了二十二个月）。突然，我们知道了这个噩耗，时间坍塌了。这就像我们把过去、现在和未来同时握在手中。我们知道他的生命将要结束，但我们爱和生命的真谛永在，以及虽然我们在一起的时间会戛然而止，但从另一个意义上说，它永远不会结束。

生活就像是彩色电影，你对它的关注是如此强烈。我无须提醒自己注意，唯一存在的时刻似乎就是当下。这些时时刻刻拼凑连接在一起。有人不久于世时，时间消逝了，你的生命、爱和种种关系似乎同时出现，在医院的房间里，在那些时刻。那些时刻成为你记忆的一部分。它们以新的方式打开了你的心灵。

娜塔莎·伦恩：这有没有影响到您抚育女儿的方式呢？因为对于很多父母亲来说，活在当下并不容易。

露西·卡拉尼什：是的，活在当下也是我仍在努力做到的事情，养育非常琐碎。但我现在有了更多的视角，我希望她拥有一个更富有意义的人生，而非减少痛苦——希望她更有韧性，而不只是被保护。失去保罗证实了我对于爱和联结的重要性的看法，它们是重要的人生目标。于我而言，凯蒂在她的人生中拥有这些至关重要。

娜塔莎·伦恩：失去保罗的经历让您明白人生最终什么才是最重要的呢？

露西·卡拉尼什：我并不认为爱是唯一重要的事。关于有意义的人生，我最喜爱的版本是维克多·弗兰克尔（Viktor Frankl）对于这一主题的探讨。他说道，意义有三个来源：爱（对于人类的爱以及对于体验的爱，比如日落）、有意义的工作（我们在这个世界中努力做的，以及为这个世界所做的）、面对困难时你所拥有的勇气。这不只是促膝闲坐，爱意围绕，你对于不可避免的痛苦的反应也是一种意义来源。这引起了我的共鸣。保罗临死前，他在写书，与死亡搏斗，同时还在做第三件事：试图理解人类和个体的痛苦。有人读了《当呼吸化为空气》后说道："这本书让我更活在当下，并让我明白，关系是最重要的事情。"而我想，不，保罗的书也是关于对意义的不懈追求，于他，这是一种解药，是理解人类痛苦的旅程。

娜塔莎·伦恩：您是否认为，接受痛苦不只是人生的一部分，也是爱的一部分，能帮助我们生活得更有意义？

露西·卡拉尼什：是的。它包含两层意思：理解你所爱的人会遭受痛苦，而你会陪伴他们，紧握住他们的手，这是爱他们重要的一部分，是协议的一部分。这就是为何，爱一个人是勇敢的，是美好的。

娜塔莎·伦恩：有没有办法可以让我们更容易地经历失去？我们是否应该改变谈论死亡的方式？

露西·卡拉尼什：在医学上，认识到即便你无法解决问题，也可以为对方做很多事，这是有帮助的。一位名叫戴安娜·E.梅耶（Diana

E. Meier)的医生写了一篇文章,名为《我不希望珍妮认为我抛弃了她》(*I Don't Want Jenny to Think I'm Abandoning Her*),这篇文章谈论了医生如何使用治疗手段,甚至包括残酷的化疗,作为一种向病人展示爱的方式。经过一段时间,我们明白了当他人遭遇痛苦时,陪坐一旁,或当他们临终时去探望,都是他们想要的爱。你并不需要总是做什么——可以仅仅坐在一旁。有人生病时,人们担心仅有陪伴意味着放弃,其实并非如此。作为一名医生,这是我经常思考的问题:治愈不同于治疗。当家人或朋友生病时,你急切地想要治好他们,而当束手无策时,你什么话也不想说。但我想,假如你是患者的话,你希望有人能看到发生在你身上的事情。见证也是一种治疗和爱的形式。不管怎样,这都是可以做到的。

娜塔莎·伦恩:失去保罗,正如您所说,也令您失去了某种身份。那您是如何重建的呢?

露西·卡拉尼什:有一部分与孤独和目标感相关。保罗生病时,我曾全身心地关注着他,他死后,我人生的一部分也随之而去,我们之间的联结不复存在。当时,我的生活就像是真空一样——并不是说其他一切都不在了,而是突然增加了很多空间。我需要习惯于此,并将其填满。

保罗的书帮助了我。我是一名医生,还有一个幼小的孩子。现在,我的女儿是我需要守护的人。我人生的一大部分都消失了,就像是一种爆裂。当你亲近的人去世了,你仍是五分钟前的那个你,但突然间,你也变成了一个截然不同的人,因为同一轨迹下未来的你已不在。同时，我的确认为自我本质是存在的，需要明白我们仍然是我们自己，即便未来缺位。

娜塔莎·伦恩：您是如何重新学会依靠自己的呢？

露西·卡拉尼什：我记得自己非常孤独，尤其是夜晚。我母亲说，"你会习惯的"，我想，我并不希望习惯于此。1）这不可能。2）我为何会希望自己习惯于此？我不认为自己会习惯，我明白可以靠自己取暖，也知晓即便我独自一人，我仍拥有对保罗的爱意。如果你拥有其他意义的形式——联结、目的感、对于痛苦的个人反思——在某一时刻，你会意识到：哦，我在生活中拥有意义，我了解自己。我站在一块坚硬的岩石上，而非漂游。现在，我拥有了其他的联结形式：和凯蒂、其他家人、朋友、同事、患者。即使像现在这样的对话，也突然让人感觉像是一种联结，充满使命感，也是一次理解痛苦的机会。

第三种意义的源泉——即便痛苦，仍然坚持——对于我也非常重要。我不认为，痛苦让你更强大，或者我们都需要受苦。我认为痛苦创造了联结的空间，因为你能看见其他所有人的痛苦，并能以更深的方式与他们联结。

娜塔莎·伦恩：关于爱，哪些是您希望自己早先就能明白的？

露西·卡拉尼什：我曾以为，亲吻是婚礼中最浪漫的部分。现在，当我聆听誓言会心想，哦，天哪，你完全不知道扑面而来的将会是什么。最好的情况就是，当一方离世时，你们还在一起。你们真正承诺的是，在艰难的岁月中陪伴彼此——无论生病，还是健康。对我而言，签署了所有的艰难事项是非常浪漫的——长期关系所需要的努力、不可避免地失去、艰难时分不离不弃的决定，以及一起承受痛苦的美好。浪漫存在于艰辛里，并不在亲吻中。

孤注一掷

"现在你不要去追求那些你还不能得到的答案。因为你还不能在生活里体验到它们,一切都要亲身生活。现在你就在这些问题里生活吧。"

莱内·马利亚·里尔克,《给青年诗人的信》(Letters to a Young Poet)

二〇二〇年二月,我发现自己怀孕了。我坐在马桶上,验孕棒上出现的两条蓝线赫然入目,这是某种可能性,是某件事情的开端。我给丹发了一张验孕结果的照片,并附上了一段文字:"系好安全带!"这几个轻巧的字是一种文字游戏。我想和他说——以及我自己说——要开心,是的,但这次要做好准备。

对于希望,我仍小心翼翼。努力怀孕让我明白信念是一种负担:所有含混不清的"假如"和"可能"以及每一次盲目乐观时的心碎。我想当我们有一点细微的证据时,心存希望就会容易一些。然而,经历一次流产之后的怀孕,就像行驶在一条曾经行驶过的马路上。上一次,我的怀孕以失败告终,然而人们还是让我在同一条道路上行驶,乘坐同样的车,却相信这会带我去到不同的地方。我多么渴望这一次会通向一个截然不同的目的地,仅是拥有尝试的机会就让我心存感激,但我无法逼迫自己轻易地打开内心。假如,从一开始我就没有真正相信会有一个好的结果，那么失望是否就会不那么伤人？

几个星期后，我猜测丹也有所保留。我注意到，夜晚睡觉时他从不把手放在我的腹部，而这是他在第一次怀孕时常做的。有一天夜晚，我问他原因，"我想这次，"他说，"在十二周的彩超后我会把手放在那儿。"我很理解，出于同样的原因，我也从不敢把自己的手放在腹部。我们俩都不愿意去相信一个也许并不会到来的人，也不想围绕着一个问号构建我们的生活。那时，这似乎是一个理智的策略。我还在伤感于第一次作为准爸妈时，我们兴奋的样子：如此相信、如此确定，如此开心地一起走过画廊，指着画家们的名字，讨论这些名字是否适用于男孩或女孩。多么天真，但我也怀念这种无知。比当时的我们知道得更多，并未带来任何满足。

八周时，看到屏幕上突突的心跳，我们仍在情感上悄悄地回避着这次怀孕，小心翼翼地避免与我体内生长着的生命发生联结。我们没有给它起小名，没有告诉家人。我们没有讨论他或她将成为什么样的人。上一次经历了流产，我们将太多的爱贮藏、搁浅，假如拥有另一个宝宝的念头盘桓在我们的头脑中，就需要再将爱取出，而这过于痛苦。我们所有人不都是这样感受的吗？有人离世。有人心碎。我们去爱，也失去。接着，我们鼓起勇气面对失去，并振作起来，清楚地知道没有任何东西能确保我们不会再经历一次打击。我甚至不愿意将这次怀孕付诸文字。写作时，我心想，当这本书来到你的手中时，我是否会拥有一个有着名字的宝宝和一只毛绒玩具兔，或者，我是否会和任何一个阅读这一章的读者进行一次尴尬的对话，关于另一个只曾经存在于我头脑中的孩子的未来？无论如何，我会屏住呼吸告诉你，我们是多么容易忘记从爱里学到的教训，以及我们所有人应该持续去学习爱,日复一日,即便经历使我们分神。我曾被未来的恐惧分心——并屈从于它们。我曾在努力实现一件不可能的事:停止一件也许并不会发生的事情。

谨慎对待怀孕,与我在几周前遇到包圣诞礼物的状况是相似的。用手指捋绿丝带时,我担心丝带不够用。我很节省,但还是担心不够,因为剪得太短,以至于不够包礼物,或系成一个蝴蝶结。害怕浪费过多丝带,使我浪费了全部,正如我不敢相信这次怀孕会顺利,让我浪费了过去几个月以来爱的小小机会:我母亲脸上激动的笑容;心里七上八下的感受;一颗袖珍、挑衅的小心脏,伴随着每一次跳动,似乎在说"我在这里,我在这里,我在这里"。我意识到,有时是恐惧而非我们害怕的事物本身,让我们失去得更多。

通常一些小事让我们回归自己。一首歌的歌词;在合适的时间读到一句恰如其分的话;一位有爱的朋友给予的暖心话语。于我而言,是梅勒尼·里德所给予的建议:不该"被自己的欲望吞噬",但需要"慢慢明白希望应该永不熄灭,无论最终结果如何"。她袒露对于重新学会走路的不真实期待让她在事故发生后活了下去,我想这并不是说孰是孰非,而是说无论如何,都要心存希望。正是内在的一丝信念引导我们穿越了充满不确定性的黑暗之境。我仍不知道我的宝宝是否会活下来,没有魔力八号球可以缓解我的焦虑。我所知道的是,我不愿意让自己对于失去的恐惧使生活变得暗淡无光。错过的已足够多。

没有人可以确保我们明日无恙,第二天、第二个月、第二年可以高枕无忧。我们所能做的,就是竭尽全力不要因为担心某事会发生或不会发生,而浪费了爱。当我为了专栏采访安东尼娅·弗雷泽夫人(Lady Antonia Fraser)时,她说自己称此为巨大的恐惧,对她而言,这指的是她在事情发生前，曾担心自己的丈夫哈洛德·品特（Harold Pinter）会不久于人世。而现在，她希望自己在最后一刻前，没有把先生生命的任何一分钟浪费在殚精竭虑上。我努力回忆起，进入孕期十周后的第三天，大致是我上一次流产的时候，我走进公司卫生间，看到了熟悉的一幕：我的内裤上出现了血渍，像一声尖叫一样突然和急促，我合上马桶盖，在上面坐了几分钟。我闭上了眼睛，扬起头，朝向天花板，祈祷宝宝能活下去。我那时也意识到一件一直以来显而易见的事情：我要么会流产，要么不会。这是事实。在随机性中存在安宁，而我需要将自己交付于此。彼时彼地，我放弃了自我保护的尝试，决定去爱每一种可能性，不论发生什么。我在心里和宝宝说，"即便没有坚持到最后，也没有关系"。

那天发生的一切仿佛是昨日重现——我乘坐同样的地铁，去相同的医院，从同一个接待处取尿壶，看向相同的毛茛黄候诊室的墙壁。尽管人已不同，但他们手握相同的从医院餐厅取来的Costa纸杯。时间停滞。当丹从伦敦的南城跑到北城时，我等待了四个小时，他每二十分钟左右发送一条消息："我还有五十五分钟到""半小时""跑步中""差不多快到了""我到了"。这场穿越街道的赛跑并非我在屏幕上看到的浪漫场景——主人公穿越城市只为了说一句"我爱你"，而是当医生把塑料仪器塞进我身体中时，来者为了握住我的手。当丹到了，紧握住我的手时，我亲了亲他手臂的一侧，我感觉到——一种深沉的、温柔的浪漫。在这些最奇怪的时刻，生活还在继续给予着这些小小的甜蜜，令我吃惊。它们一直在出现，假如我们给予关注的话，即便在忧伤的候诊室里也可以找到。那时我轻声问丹："假如这个宝宝也没有活下来，怎么办呢？"他一时半会儿没说什么。接着，他说：

"我们会去喝一杯鸡尾酒,我们会很伤心,然后再尝试一次。"我其实并不需要一个答案,我只是想大声地把我们最坏的恐惧说出来,并驱赶它的阴霾。但他的回答给人抚慰,尽管在很多方面事情并不简单,但或许也是简单的。"娜塔莎·伦恩?"一位医生——还是之前的那位——把我们叫进房间。"我记得你。"她说道,带着一种温柔的善意,令我潸然。我永远不会忘记她的脸。她让我躺在床上,用清凉的凝胶盖住一根塑料仪器。她将仪器放入我的身体。房间一片安静。我无法看向丹。我不知道,他是否在看着我。我再一次向天花板祈祷,向天花板之外的天空祈祷。"在这里呢,"她说道,"心跳。"

很难看清能从失去之中学到什么。一开始,我以为失去的教训,是让我对爱有所保留,从而保护自己避免未来受到同样的伤害。而现在呢?我看到爱所固有的不确定性,并不是一个需要解决的问题,而是这种不确定性让爱变得美丽。它带来了勇气。它让我们去期待,即便没有依据,缺少了解。有时,我会幻想着宝宝的未来,而有时,我会不由自主地坠入恐惧。我仍渴望有一个确凿的肯定,保证她会平安无事;而现在的区别是,我知道对于我们任何一个人,不存在这样的确定性。所有的爱都需要冒险,需要一个我们决定说"我全身心投入"的时刻,即便我们曾被伤害过。我看着自己所爱的人们,每天都在孤注一掷:找到示弱的勇气第一次说出"我爱你"、领养孩子、对父母亲的身体做出艰难决定、依然相信爱而结束了与爱无关的订婚。并无任何途径可以知道,关系是否可以存活、领养是否会一切顺利、父母亲是否能长寿、下一个我们付出真心的人是否会给予珍惜。我们无法将痛苦从生活中剔除。我们需要允许它们同时存在——欢乐和悲伤。我理解,这并不是一个必要的负担,但它会令爱更为柔软。不论我们失去了什么，无论生活从我们身上夺走了什么，仍有微小的时刻，我们可以选择去希望。你会吗？我在努力。现在，当巨大的恐惧阴影笼罩时，我把手放在隆起的小腹上，感觉到了全部——恐惧、勇气、冒险、不确定性、欢乐；生命和失去的诸多面。不管怎样，我都会和宝宝低声细语说道："我爱你。我爱你。我爱你！"

结语

关于爱,哪些是我希望自己早先就能明白的?

"爱并非答案,而是起跑线。"

劳拉·马林(Laura Marling),《为你》(For You)

女儿出生时,我已用了三年时间,向人们了解爱的挑战。那时,我自己也经历了结婚、流产、失去祖母,看到朋友经历流产、生育、离婚,感受到旧友的渐行渐远,接纳新朋友进入我的生命。我也明白了爱的敌人(自怜自艾、无视、自负、懒惰、贪婪)和爱的伙伴(责任感、自律、倾听、幽默感、宽恕、感激和希望)。因为这些新的认知,我希望自己也许能在未来避开爱的雷区,或至少找到一些捷径。但在为人父母的前三个月,我又犯了很多同样的错误,毫无疑问,我还会继续犯错。唯一的区别是,我能意识到自己正在犯错。

我并没有立刻爱上女儿。尽管,当她在我肚子里时,我承诺一定要爱她,但当她来到这个外在的世界上时,一切又重新开始。生产那天,丹问我:"你是不是爱她,甚于任何?"而我说:"不。"我想,我让他震惊了,也许也让他困惑了。女儿一出生,我感到自己身上涌现出了一种原始的怜爱:这个小小的、黏黏的人儿,爬上我的胸脯。我轻声说道,"好了好了,你现在是安全的",那时,我知道她就像是我的一部分,而我会一直照顾她。但这种感受似乎来自我的身体,而非我的大脑;感受如此强烈,我无须选择——它就存在了。我觉得,无论我是否付出努力,它都会发生。而我学到,爱是相反的:是一种选择,一种意愿。

那时,我将第一眼看到女儿缺少爱意归结为药物和荷尔蒙的变化。我关注的一切就是确保她还活着:我整个晚上都醒着,将一个手指放在她的鼻子下,检查她是否还在呼吸;我还把两个手指轻轻搁在她的睡袍下,放在她温暖的小胸脯上,它的起伏是如此微妙,我担心自己是在做梦。最初的七十二个小时充满了恐惧,几乎没有空间留给爱。

渐渐地,在家中,我开始看到了她闪烁的个性:哺乳后,她像超人一样在空气中伸展双臂;洗澡时,她踢动双腿,让洗澡水水花四溅;一半是激动,一半是紧张。每一天,我都用自己的身体去呵护她的身体——为她洗澡、替她更衣、给她哺乳。这些微不足道的劳作,有时让人感觉是海量的,我每天选择去爱她,即便这是艰难的,即便我在担惊受怕。不久之后——一周,或许是两周——当她入睡后,我看着她小小的眼睫毛,就像画笔上的鬃毛,我确信自己爱她。因此,我对于琼妮的爱扩散到了我的生命中,正如我对于她父亲的爱:慢慢地,坚定地,随着时间的流逝、认知的加深,我的爱也变得深邃,直至像器官一样,变成我的一部分。这本不应该让我吃惊,真的,因为这是我学到的关于爱的最初几课:它并非发生在刹那间,像火光,而是被悉心照料,就会增长,就像火苗点燃为热焰。

在为人母的最初几个月,我关注着每一个细节,我知道这些将一去不复返,也知道真正爱琼妮的任务并不是现在,而是当她在超市过道里发脾气时;当我有别的要紧事,已经迟到,而她却往地板上扔食物时;当她对我出言不逊、扎心时。爱是一种选择——有时,我们并没有心生爱意，却仍选择爱一个人。"爱"的感觉来来去去，起起伏伏，但爱的行动是一个决定。我们每天做的决定。

这是丹和我所做的决定，我们开始轮班工作，我们在成为好父母的道路上跌跌撞撞。因为琼妮有胃反流，我们轮流和她待在一起，而更少待在同一张床上。即便同床时，我们也无法完全地搂抱对方，因为琼妮躺在我们其中一人的胸脯上。因此，我开始怀念起过往。夜晚，他温暖的大腿紧压着我的。在轻松的静谧中，我们比肩阅读。我们看着书，并想要互相分享，比如说，演员詹姆斯·甘多菲尼（James Gandolfini）曾经不断地听绿日乐队（Green Day）的《*Dookie*》（丹青少年时最喜欢的专辑），以及我发现大卫·鲍伊的曲子《星人》(*Starman*)的副歌是受到了《彩虹之上》(*Somewhere Over the Rainbow*)的启发。我们曾分享这些小事，以及我们对于生活五年之后的大梦想。而现在，我们交流"她的屎是绿色还是芥末色？""你上一次喂她是什么时候？"以及"我去洗手间时，你能不能抱抱她？"更多的时间里，我们都在看向琼妮的眼睛，而非看向彼此。只有两个半小时睡眠的日子里，我们狭隘地争论着谁更为疲倦。尽管，我们知道相互比较会消磨一段好的关系，但有时我们会不由自主地开始比较。

十几和二十几岁时，我相信无论发生什么，相爱的人都会像磁铁一样互相吸引。但是，当我们的关系中出现了距离时，无论是情感的距离，还是其他，我们都不能等待神奇的引力去弥合差距——我们应该自己去创造这种作用力，用诚实、同理心和宽恕。这是我和丹作为新手父母，为了维持亲密感所做的。我们会给日常注入一些善意：清晨六点的一杯蜂蜜茶、周五傍晚六点倒好一杯美酒，放在对方身旁。我们仍在怀念暂时需要放弃的那些自己，但又爱上了新的我们，我俩并排跪在浴垫上，对着我们曾经担心不会拥有的女儿唱《奇幻森林》的插曲。床上无法拥抱时，我们会用握手来取代。总有些小小的方式，让我们抵达彼此。

正当我们开始适应这个新世界时，琼妮六周大的时候，丹在她的胸部发现了疹子。一整周来，她更安静了，睡得更多。那天晚上，我们打给111（非紧急医疗救助电话），对方让我们叫一辆救护车去医院。"这有些夸张了。"我对丹说道，坚持叫一辆出租车作为替代。但在路上的某一个时刻，我们开始担心，她似乎一动不动，不能呼吸了。我把手指伸进她的嘴里，把她的眼皮往上翻，而她没有什么反应。我不知道接下来应该做些什么，只知道司机在路上看到了一辆救护车，丹从出租车上下来，告诉救护人员我们不确定宝宝是否在呼吸。当他这样做时，司机朝我说，"她会好起来，她会好起来"，我感受到了他的善意，但也只能点头回馈。

在救护车的后车厢里，医护人员也不确定琼妮是否在呼吸。我看见他把一个小小的面罩罩在琼妮的嘴巴和鼻子上，在她的小胸腔上做着挤压动作，我那时理解了，对另一个人的爱是多么令人感到脆弱。在我们去爱的时候，有多少是我们不得不失去的。我坐在救护车里，其实心思早已不在，我的头脑无法接收当时场景下的各种细节，直到医护人员说"她在呼吸，她在呼吸"，我才回过神来。尽管丹跑进儿童急诊室，大喊"复苏、复苏"，但琼妮最后平安无事。这只是一次病毒感染，虚惊一场；她一直在呼吸。我被留在医院过夜，我整个晚上都在看着她睡觉，听着她微弱的呼吸声。我以为将来离开她不再可能，然而我还是会离开，因为我知道，爱她并不意味着保护她免受世界的伤害，而是意味着，为她树立勇气的典范，帮助她足够独立，从而能够探索世界。就像怀孕时——或任何我们爱一个人的时候——恐惧一直都在，但它并不会减弱未来失去带来的疼痛。

第二天，我在滚动翻看照片墙，看见一位父亲贴出了一张孩子的照片，孩子在前一年死去了。他的小朋友穿着和琼妮一样蓝色和乳白色的约翰·路易斯（John Lewis）的睡衣，我想，我们距离悲痛都只间隔了一个电话、一个测试结果或者一趟出租车的距离。别人的悲伤对于我们是可怕、遥远的事情；我们说我们无法想象它们，然而我们必须去感受。只有这样，我们才能更好地表达出"我很抱歉"。

我了解到，对于我们不认识的人，我们也有能力去陪伴。成为梅勒尼·里德所说的存在于所有人之间"善意和爱的暗流"的一部分。这是我在这些对谈中经常感受到的东西，理解到我们都是联结的，都是更大的人类家庭的一部分。有时，我在自己和交谈的对方之间感受到一种爱的形式，他们向我展现了一部分自己，我们在一起尝试发现意义。当我试图理解爱的时候，我不知不觉地发现了更多。这让我意识到精神治疗师梅根·波所说的是对的："爱是一种频率，我们或能接收到，或者忽略。"我们可以选择以一种有爱的方式穿行于世界中。清晨，点咖啡的时候，我们可以看着自己的手机，或者与人交流。看到门口一位女士哭泣时，我们可以视而不见地擦身走过，或者，停下脚步问一句："你还好吗？"我们置身于人生旅途中，如果我们只想着自己的使命，从不仰望或向外看，我们会失去很多。

当我们改变时，我们在爱中遇到的挑战也会改变。在我二十多岁时，友谊似乎毫不费力，而爱情需要做投入。在我三十岁出头时，婚姻似乎是轻巧的，而友谊需要我为之付出努力。现在，母亲的角色占用了我太多的空间，感情需要更多关注。友谊所面对的挑战也发生了变化：更多朋友经历了流产，而我需要找到体贴的方式陪伴她们，同时给予空间容纳复杂的情感，因为我自己成为了母亲。爱一直会以这种反复无常、不可知的方式流经我们的生活，我们无法在快乐时按下暂停键，也无法在痛苦时按快进键。我们所能做的，就是留意到不平衡的出现，调整努力，确保我们所爱的人知道，对于我们而言，他们非常重要。

我开始这个项目是为了解决或避开爱里遇到的问题，而不是去忍耐或从爱中获得成长。这个目标与我早先的浪漫幻想并无区别——都在抗拒现实。两者都认为，一个更为美好的结局意味着要跳过爱中艰难的部分：期待爱时，我们是如此脆弱。缺爱或失去爱时，是多么伤人。当我们失去自己时，是多么疼痛。假如之前让我书写关于自己的爱的故事，我是不会将这些包含在内的。我不可能想到，我会经历二十多年"失败"关系、几十次可怕的网上约会，或者自己会在雨中的麦当劳门口被甩。我不会将自己与父亲争吵带来的愧疚书写在内，那天我和父亲抬杠，究竟是穿牛仔裤还是西裤，而这发生在他父亲葬礼的清晨。我也不会谈论友情改变时带来的尴尬，或是流产，或一个有胃反流的婴儿，或一位常常把食物卡在胡子里的丈夫。所有这些庸常的细节，或痛苦的点滴，我本不可能将它们作为素材。然而，它们都是一点一滴的现实，比幻想，比任何我能想到的东西，都更为美好。

尽管我所得到的结论并非来自一整套神奇的答案，但这些爱的对谈从两个方面改变了我的人生。

首先，它们拓宽了我对爱的理解，使其变得广大无边。我看到，爱存在于露西·卡拉尼什亲吻空气怀念丈夫时，存在于坎迪丝·卡蒂-

威廉姆斯的朋友为她规划的生日中。爱存在于黛安娜·伊文思为自己辟出的写作空间里，存在于格雷·怀斯继续分享的关于姐姐的记忆中。爱存在于罗克珊·盖伊的便利贴上，存在于雷门·西舍的诗歌里，存在于海瑟·赫里雷斯基对丈夫背疼牢骚给予的反应中。将这些对话放在一起，让我看到爱无处不在，以诸多不同的形式、形态和行为呈现。它比以往任何时刻都令我感到惊奇：它的能量，它的范围，它的个性，它的普遍性。

其次，我做了一个新的决定，要给爱以关注。有太多——太多——的东西把我们的注意力从所爱的人身上夺走。有实体的障碍（日常琐事、工作、电话），也有情绪的困扰（渴望的不确定性、恐惧的强度）。每天，我们都要做一些小小的抗争，才能注意到近在眼前的爱。这让我认为，在爱里，最重要的事情之一是回忆。我们要记得，经常做一些小举动，表示"我在这里"：寄送生日卡片、看向对方的眼睛、打电话、亲吻、拥抱、问候以及说"我爱你"——但不是以随便说说的方式。还要将这些重要的事情铭记于心：说出真相、接受无常、保持独立、超越自身认知，并明白他人的问题令人苦恼，我们自身的问题也是同样的，并要保持与自身同步。"与自身同步"的含义是，有自我觉知，让我们在犯错时及时停止。比方说，在演变为一场争斗前，明白我们为何感到恼怒，或意识到当对方试图告诉我们重要的事情，我们的注意力无法集中时，选择认真倾听。

有人善于记忆，而其他人则需要一点帮助。正如莎拉·海波拉告诉我的，那些最善于活在当下的人掌握了一些策略：他们祈祷、冥想、写作和跑步；他们找到了微小而有意义的方式表达感恩。这也是我希望本书中的对话所能做的：作为一个渺小却珍贵的提醒，让我们将注意力放在自己所拥有的生活上。通过询问人们如何去爱，我明白了应该如何去生活。

我的目的，并非保护自己免受未来爱中诸多问题的困扰，而是希望，当我在生命的最后几周回首人生时，我能知道自己感受到的就是爱：父母的爱就像肌肤上的和煦阳光，婚姻就像同一首歌曲中的两种不同音调。我希望自己能够牢记，爱不是一种狭隘的东西。爱，让我们在意，让我们与彼此和世界联结。爱是探索、是承诺、是家园。爱是一种我们用来抵达彼此的作用力，用热茶和温柔，用幽默感和一句"对不起"；这是我们与他人共同构建的一个世界。最重要的是，我希望能够注意到日常时刻中的爱意，并沐浴其中：清晨第一件事是琼妮的甜蜜笑容；在节礼日，家人对于彼此的放屁声咯咯笑的傻样；陌生人善意带来的抚慰；清澈夜空的神秘感；丹突然来的一封电子邮件，里面只有一句弗里达·卡罗（Frida Kahlo）的话，"找一个看你就像看一块巧克力夹心饼干的情人"；或者一个晴朗的秋日清晨，朋友双臂紧紧搂抱着我时所带来的深度平静。我希望，在这个地球上的最后一天，当我回首一切，会想，爱是令人震惊的，生命是令人震惊的。我是如此感恩，不仅知道了爱，也知道它是多么重要，并给予了关注。

延伸阅读

Dolly Alderton, *Everything I Know About Love* (Penguin Books)
John Armstrong, *Conditions of Love: The Philosophy of Intimacy* (Penguin Books)
Poorna Bell, *In Search of Silence* (Simon & Schuster)
Alain de Botton, *Essays in Love* (Picador)
——*The Course of Love* (Penguin Books)
Candice Carty-Williams, *Queenie* (Trapeze)
Juno Dawson, *This Book Is Gay* (Hot Key Books)
Luise Eichenbaum and Susie Orbach, *Between Women: Love, Envy and Competition in Women's Friendships* (Viking)
Diana Evans, *Ordinary People* (Vintage)
Erich Fromm, *The Art of Loving* (HarperCollins)
Roxane Gay, *Bad Feminist* (Corsair)
John Gottman and Julie Schwartz Gottman, *Eight Dates: Essential Conversations for a Lifetime of Love* (Penguin Life)
Stephen Grosz, *The Examined Life* (Vintage)
Thich Nhat Hanh, *How to Love* (Ebury)
Heather Havrilesky, *How to Be a Person in the World: Ask Polly's Guide Through the Paradoxes of Modern Life* (Doubleday Books)
Sarah Hepola, *Blackout: Remembering the Things I Drank to Forget* (Two Roads)
bell hooks, *All About Love: New Visions* (HarperCollins)
Mira Jacob, *Good Talk: A Memoir in Conversations*

(Bloomsbury Publishing)
Paul Kalanithi, *When Breath Becomes Air* (Vintage)
Ariel Levy, *The Rules Do Not Apply* (Fleet)
Gordon Livingston, MD, *How to Love* (Hachette)
J. D. McClatchy, *Love Speaks Its Name* (Everyman)
Joanna Macy, various books, see joannamacy.net
Ayisha Malik, *Sofia Khan is Not Obliged* (Twenty7)
Simon May, *Love: A History* (Yale University Press)
Stephen A. Mitchell, *Can Love Last?: The Fate of Romance over Time* (W. W. Norton & Company)
Vivek H. Murthy, *Together: Loneliness, Health and What Happens When We Find Connection* (Profile Books)
Emily Nagoski, *Come As You Are: The Surprising New Science That Will Transform Your Sex Life* (Scribe)
Reinhold Niebuhr, The Serenity Prayer
Mary Oliver, *Devotions: The Selected Poems of Mary Oliver* (Penguin Press)
M. Scott Peck, *The Road Less Travelled* (Ebury)
Esther Perel, *Mating in Captivity* (Hodder & Stoughton)
Philippa Perry, *The Book You Wish Your Parents Had Read (and Your Children Will Be Glad That You Did)* (Penguin Life)
Justine Picardie, *If the Spirit Moves You: Life and Love After Death* (Picador)
Susan Quilliam, *Stop Arguing, Start Talking: The 10 Point Plan for Couples in Conflict* (Vermilion)
Melanie Reid, *The World I Fell Out Of* (HarperCollins)
Adrienne Rich, 'Claiming and Education', speech delivered at the convocation of Douglass College, 1977
Rainer Maria Rilke, *Letters to a Young Poet* (Penguin Classics)

Sharon Salzberg, *Real Love: The Art of Mindful Connection* (Macmillan)

Dani Shapiro, *Hourglass: Time, Memory, Marriage* (Knopf Publishing Group)

Lemn Sissay, *Gold from the Stone* (Canongate Books)

Lisa Taddeo, *Three Women* (Bloomsbury Publishing)

Frank Tallis, *The Incurable Romantic: and other unsettling revelations* (Little, Brown)

Krista Tippett, *Becoming Wise: An Inquiry into the Mystery and Art of Living* (Corsair)

Clare and Greg Wise, *Not That Kind of Love* (Quercus)

Gary Younge, *Another Day in the Death of America* (Guardian Faber Publishing)

致谢

正如人生是由诸多不同的爱的故事所组成，本书的创作也得益于许多人所给予的善意。首先，我要感谢我所有的受访者。他们的慷慨、坦诚和深思不仅使本书得以实现，也让写作乐趣盎然。对于你们所有人，我深深地感恩。

我非常感谢卡洛琳·琼斯（Caroline Jones），非常勤勉地将大部分采访转变为文字。你热情洋溢的邮件陪伴我度过孤单的写作岁月。也非常感谢天赋异禀的安娜·莫里森（Anna Morrison）设计了美丽的封面。我无比欣赏你的工作，也为你是这本书的一部分而感到激动。

我感恩于每一位企鹅出版社的工作人员——感谢你们相信这本书，并给予我时间和空间进行创作。特别感谢伊莎贝尔·沃尔（Isabel Wall），我的编辑和爱的同道中人。你的热情和善良让一个可怕的过程变成一种享受。感谢你如此诚挚地在意这本书，并让它变得更好。

感谢那些帮助过我，但也许浑然不知的人：感谢珍妮·阿格（Jennie Agg），当我忧伤时，她的话语让我感到不那么孤独；感谢潘多拉·赛克斯（Pandora Sykes）和多莉·奥尔德顿（Dolly Alderton）在 The High Low 播客栏目中支持这本书；感谢海瑟·赫里雷斯基成为我第一个特邀嘉宾；感谢露西·哈德森（Lucy Henderson）提醒我在节礼日写这本书。

非常感谢我的老板和朋友莎拉·托姆恰克（Sarah Tomczak），她曾在多年前编辑过我的作品，那时我竭尽全力写作。看到你既优雅又乐观地把可可（Coco）和希尔薇（Sylvie）抚养长大，让我对于爱获知良多。感谢你总是鼓励我写作，让我知道母亲的角色和个人使命是可以共存的。

关于爱的话题，在我开始采访之前，很多朋友就让我明白了一些道理。我深深地感谢卡洛琳·斯蒂尔（Caroline Steer）、罗克珊·罗宾逊（Roxanne Robinson）、詹妮弗·利文斯通（Jennifer Livingston）、杰西卡·罗素-弗林特（Jessica Russell-Flint）、路易丝·沃勒（Louise Waller）、露丝·刘易丝（Ruth Lewis）、洛伊丝·凯特韦尔（Lois Kettlewell）、凯蒂·泰勒（Katy Taylor）、克里斯蒂娜·亨德森（Kristina Henderson）和凯蒂·塔克拉（Katy Takla）。特别感谢玛丽莎·贝特（Marisa Bate），每一次我担心自己做不到时，你都告诉我，我可以做到。还感谢露西·李（Lucy Lee）聪颖的头脑和智慧的建议。对我而言，你们无比珍贵。我爱你们。

感谢琼妮的陪伴。假如有一天，你会读到这一本书，我要说：我爱你！

感谢我的家人——我妈妈妮基（Niki）和我爸爸克里斯（Chris），他们是我最早看到的爱情故事。我曾经埋怨他们，让我在关系中设定了一个不可实现的高标准，而现在我看到的是，他们教会我不要做任何妥协。感谢你们营造了一个充满爱的家。成为你们的女儿是一种愉快的经历。

我弟弟奥利弗是我最早的读者和同伴。感谢你富有洞察力的评论，感谢你逼我表达得更清晰。你一直都是对的！感谢你从一开始就教我爱，并提醒我幽默是每日必需品。我迫不及待地希望和你在地球上每一年都能对着斯普林斯汀的音乐共舞。

卡丽·普利特（Carrie Plitt）是我所能企盼的最好的代理人：聪慧、有魅力、坚强、智慧、交谈起来妙趣横生。卡丽：在我们认识后，我才开始写作这本书，这绝非一种巧合。没有你，它不可能存在。你一直是我希望能打动的人，谢谢你。

感谢丹，我的先生，你慷慨大方地给了我自由，在书中讲述我们的故事。爱你教会了我宽广且勇敢地活着。感谢你一直支持我的梦想。我全方位地爱你，一直爱你。

最后，感谢"爱的对谈"电子邮件专栏订阅者们，尤其是那些告诉我，希望这本书能够存在的人。当我陷入泥潭时，当我怀疑自己时，我就会重读你们的电邮。你们的话语让我明白自己为何想要写作。我在语言中找到了爱。